JN256710

日本労働法学会誌127号

企業変動における労使関係の法的課題

日本労働法学会編
2016
法律文化社

目　次

《シンポジウム》
企業変動における労使関係の法的課題

《報告》
企業変動と労使関係………………………………………水島　郁子　3
総合商社の投資戦略と労使関係…………………………木下　潮音　15
会社分割時の労働契約関係の承継と労働条件の変更…成田　史子　23
企業組織再編と労働組合の組織変動……………………徳住　堅治　40
企業倒産における関係者の利害調整と労働者…………戸谷　義治　56
倒産手続下における不当労働行為救済手続の取扱い…池田　悠　70
　　──破産法を中心に──

《シンポジウムの記録》
企業変動における労使関係の法的課題…………………………………87

《回顧と展望》
妊娠中の軽易業務転換を契機とする降格措置
　に対する司法判断………………………………………相澤美智子　125
　　──広島中央保健生協（C 生協病院）事件・
　　　最一小判平26・10・23民集68巻8号1270頁──
職種が限定された労働者による職種変更にかかる
　同意の有効性……………………………………………古賀　修平　134
　　──西日本鉄道（B 自動車営業所）事件・
　　　福岡高判平27・1・15労判1115号23頁──

《追悼》
荒木誠之先生の御逝去を悼む……………………………………菊池　高志　143

日本労働法学会第130回大会記事…………………………………………………149
日本労働法学会第131回大会案内…………………………………………………155
日本労働法学会規約…………………………………………………………………157
SUMMARY ……………………………………………………………………………161

《シンポジウム》
企業変動における労使関係の法的課題

企業変動と労使関係	水島　郁子
総合商社の投資戦略と労使関係	木下　潮音
会社分割時の労働契約関係の承継と労働条件の変更	成田　史子
企業組織再編と労働組合の組織変動	德住　堅治
企業倒産における関係者の利害調整と労働者	戸谷　義治
倒産手続下における不当労働行為救済手続の取扱い 　　——破産法を中心に——	池田　悠
シンポジウムの記録	

企業変動と労使関係

水 島 郁 子

(大阪大学)

I　はじめに

1　企業変動の背景

　企業変動は決して新しい現象でない。合併や営業譲渡は，企業の重要な経営戦略手段の1つとして，従来から活用されてきた。

　企業変動は1990年前後のバブル経済を背景に，海外企業の合併等 M&A の形で注目されるようになった[1]。それに続くバブル経済崩壊後の低成長経済期では，業界再編を推進する流れでの企業変動や，企業経営の維持・存続を図るための企業変動，たとえば過剰となった設備の処理を図るための企業変動，そして企業の廃止が見られるようになる。他方，熾烈な国際競争に対抗するために，あるいは，技術革新が見られる分野を中心に成長戦略の手段としても，企業変動は用いられた。アメリカ型コーポレートガバナンスの影響を受けた，株主を重視する経営戦略は，企業変動に適合した。

　2000年には労働契約承継法が制定され，翌年に施行されるが（2001年），それと前後して，独占禁止法改正による純粋持株会社の解禁や（1997年），商法改正による会社分割制度の導入（2001年），そして会社法の制定（2005年）が順次なされた。また，倒産法制が大幅に見直され，民事再生法の施行（2000年），会社更生法の施行（2003年），破産法の施行（2005年）がなされた。このような企業変動法制の整備は，さらに企業変動を後押しした。

1）　柳川太一「日本の M&A を考える」ファイナンス546号（2011年）56頁以下。石田眞「シンポジウムの趣旨と構成」日本労働法学会誌113号（2009年）3頁以下も参照。

2　企業変動の先行研究

　企業変動の活用増を背景に，企業変動の研究も積極的に進められてきた。本学会大会でも，第97回大会（1999年）ミニシンポジウム「営業譲渡と労働関係」，第101回大会（2001年）ミニシンポジウム「企業倒産と労働法」，さらに第116回大会（2008年）「企業システム・企業法制の変化と労働法」においては，企業システムや企業法制の変化に着眼して，企業変動の問題が総合的に検討された。

　企業変動がこのように研究されてきたのは，企業変動そのものは企業の変動・変化であるが，企業変動が，企業に所属して働く労働者の労働条件や身分，もしくは労働組合に，直接にあるいは関連して影響を与えうるものであるからである。企業変動の中には，経営理念や方針が大きく転換して労働関係や労働者の労働条件に多大な影響を与えるものや，会社の存続を左右し労働者の雇用を脅かすものもあった。企業変動研究の主眼は，労働者の労働条件や雇用をいかに保護するかを検討するものであったといえよう。[2]

3　本シンポジウムの対象と視点

　本シンポジウムのテーマは「企業変動」と労使関係であるが，企業変動は法律上の用語でもないし，一義的に用いられているわけでもない。本シンポジウムでは一般的な用語として，企業や労働関係，労使関係に一定以上の影響を与えうる企業の変化を広く，「企業変動」ととらえる。なお，各報告において「企業再編」や「企業組織再編」といった語が用いられるが，シンポジウム全体を通じて用語の使い分けを行っているわけではない。また，本シンポジウムの特徴でもあるが，倒産を消極的企業変動ととらえ，本シンポジウムの対象とする。

　次に，本シンポジウムは「労使関係」を対象とする。本学会大会でもすでに指摘されているように，労働関係ないし労使関係は従来型の単一企業モデルか

---

[2]　先行研究の中で特筆すべきものとして，毛塚勝利＝連合総合生活開発研究所編『企業組織再編における労働者保護』（中央経済社，2010年），金久保茂『企業買収と労働者保護法理』（信山社，2012年），毛塚勝利編『事業再構築における労働法の役割』（中央経済社，2013年）。

ら変容している。かつて労使関係は、単一企業における労働組合と経営者（使用者）の関係にすぎなかった。もちろん現在もこのような労使関係は多く残っているが、今日の企業の意思決定システムは単一企業モデルから企業グループへと移り、また経営者から株主へとシフトしている。この過程において企業変動が見られることも少なくない。つまり企業変動が1つの要因となって、労働組合に対峙する実質的な相手方が使用者たる経営者以外に拡張している場合があるが、このような労使関係の変化が企業変動や企業変動をめぐる法的問題に与える影響にも注目すべきである。

　本シンポジウムは、企業の重要な経営戦略手段の1つであり、かつ、労働関係に大きな影響を与えうる企業変動をテーマに、とくに労使関係にかかる法的課題を検討するものであるが、その際の視点として利害調整や法規範の調整を意識する。合併や会社分割等のように企業変動には複数の当事者の関与が前提になるものもあり、関係当事者の利害調整の視点が必要であると考える。また、企業変動は会社法や倒産法の規制を根拠として行われ、それらの規範と労働法規範との調整の視点も必要であるからである。

II　企業変動の現状

1　企業をめぐる状況の変化

　この十数年の間に、企業をめぐる状況は変化した。バブル経済崩壊後の低成長経済期には企業経営の維持・存続が重要な課題となり、そのため一部の企業は過剰・余剰部分の売却・譲渡や他企業との連携が必要になった。他方で、経済のボーダレス化を受け、企業の国際競争力を高めるために企業の合併や連携が必要となった例もある。このような企業をめぐる状況の変化を踏まえれば、企業変動が質的に多様化し、量的には増大していることが予想される。

3）　石田・前掲注1）論文4頁、「シンポジウムの記録」日本労働法学会誌119号（2012年）116頁〔毛塚勝利会員発言〕。

シンポジウム（報告①）

2　企業変動に関する統計

　企業変動の全体を俯瞰する統計は存在しないので，個別の統計から企業変動の現状をうかがうことになる。

　公正取引委員会の『年次報告』は，企業変動に関する届出受理件数を公表している。独占禁止法により，一定の条件を満たす会社が，株式取得，合併，分割，共同株式移転，事業譲受け等を行う場合に，公正取引委員会に企業結合に関する計画を届け出ることが義務づけられている（独禁法15条2項ほか）。2013年度は，合併，分割，事業譲受け等，株式取得，共同株式移転のすべてにおいて，前年度より届出受理件数が減少した[4]。しかし2014年度は，事業譲受け等を除き，前年度から増加している[5]。なお，独占禁止法による届出義務を負うのは資産規模等が一定の条件を満たす会社に限られるので，届出受理件数が企業変動全体の状況を表すものでないことに留意が必要である。

　経済産業省の「平成26年度純粋持株会社実態調査」（2015年）からは，一時増加傾向にあった純粋持株会社の設立が，2010年以降は減少傾向にあることがわかる。

　民間企業の調査として，株式会社帝国データバンクが提供する「倒産集計」によれば[6]，企業の倒産件数がおおむね減少傾向にあることがわかる。株式会社東京商工リサーチが提供する「全国企業倒産状況」によっても[7]，同様の傾向を読み取ることができるが，とくに2014年度は，倒産件数，負債総額ともに大幅に減少し，倒産抑制の傾向が見られる。その要因として，金融機関が中小企業の要請に応じていることや，景気対策として実施された公共事業の前倒し発注効果が指摘されている。2015年度もおおむね倒産件数の減少傾向が継続しているが，負債100億円以上の大型倒産件数が増加したことにより，負債総額は増加している。なお，両社の統計は負債総額1000万円以上の倒産を対象とするものであることと，株式会社帝国データバンクが集計する倒産は法的整理に限っ

4）　公正取引委員会『平成25年度年次報告』（2014年）156頁。
5）　公正取引委員会『平成26年度年次報告』（2015年）124頁。
6）　http://www.tdb.co.jp/report/tosan/index.html
7）　http://www.tsr-net.co.jp/news/status/

ていることに留意が必要である。株式会社レコフデータのニュースリリースによれば，M&A件数は2011年以降再び増加の傾向にあることがわかる。2015年のいわゆる事業承継M&A（オーナー系企業売却案件）は2008年のデータ取得以来，最高件数となった[8]。なお，事業承継M&Aには捕捉不可能な未上場企業同士の非公開案件が多く，すべてが捕捉されていないことに留意が必要である。

これらの統計はそれぞれの集計目的に照らして行われるものであるため，企業変動の実像を全体として示すものではない。もちろん統計から，デフレ脱却と緩やかな景気回復が企業変動に作用していることが一応うかがえる。しかし，企業変動の状況の明確な捕捉や，1で指摘したような企業をめぐる状況の変化が企業変動にいかに作用しているか否かは，これらの統計から判断できない。また倒産を例にとると，民事再生法や会社更生法の法的手続をとることが信用力の低下や事業価値の毀損につながりかねず，企業再建の妨げになることから，事業再生ADRを活用して事業再生を図ろうという事例が近年増加している。これらの件数は上記の倒産データに必ずしも含まれない。

さて，大企業の合併その他の企業変動は報道により世間の注目を浴びているが，大企業の全企業に占める割合は極めて小さく，企業変動に関する統計等を見ても，大企業が関与する大型の企業変動は件数として多くない。もっとも企業変動の規模が大きければ大きいほど，影響を受ける労働者はそれだけ多いことが予想される。それにもかかわらず，いくつかの著名な裁判例を除けば，大企業や大型の企業変動に端を発した労働紛争が顕著に見られるわけではない。

大企業の中には，複数の企業変動を組み合わせた，より戦略的な企業変動を行っているところも少なくない。投資戦略に基づく企業再編は日常的に行われているといわれるが，労働紛争はほとんど生じないとされる（後掲木下論文参照）。

このように労働紛争を生じさせにくい企業変動は，円滑な労使関係のもとでこそ実行されると考える。企業変動を円滑に行うには，労働者や労働組合の納得や協力が必要であり，企業別組合が多いわが国においてはとくに企業別組合

8） https://www.recof.co.jp/js/mareport/monthly/e2734.html

の役割が重要であると考えるが，労働組合にも変化が見られる。

Ⅲ　労使関係の変化

1　労働組合サイドの変化

わが国では企業別組合が多いが，近年，企業外組合の活動が活発化している。企業外組合の活動が活発化した背景として，①企業別組合に組織されない非正規労働者や外国人労働者の存在，②企業外組合による個別労働紛争解決への積極的な取組み，③企業外組合による社会的課題への取組みを指摘できる[9]。企業外組合は，企業別組合がこれまで十分に対応していなかった問題に積極的に取り組んでいるといえるが，労働者の働き方が多様化し，労働問題が多元化する中で，企業別組合では十分に対応ができなくなっていることのあらわれでもある[10]。

企業別組合の対応の限界として，企業変動の場面があげられることがある。すなわち，企業組織再編等の労使関係を取り巻く変化に鑑みると，企業内活動中心では限界があり，企業の枠を超えた集団的労使関係の構築を図る必要性があるとの指摘である[11]。合併や会社分割のケースでは企業別組合や企業の枠を超えた労使関係をめぐる問題が生じうることから，このような指摘があてはまるであろう。

それとは対照的に，投資ファンドによる企業買収のようなケースにおいては，企業変動を契機に，むしろ企業別組合がその結束力を発揮して強固になることも考えられる。

また，企業変動にともない，企業別組合からの組合員の脱退や組合の分裂・解散，あるいは組合の合同が考えられるが，それにより組合の規模や範囲，組

9）　名古道功「コミュニティ・ユニオンと労働組合法理」日本労働法学会誌119号（2012年）23頁。

10）　毛塚勝利「企業統治と労使関係システム」石田眞＝大塚直編『労働と環境』（日本評論社，2008年）52頁。

11）　名古・前掲注9）論文41頁。

合員の属性,執行部体制が大きく変わることがある。とくに企業別組合の場合,労働組合のあり方やその方針に大きな変化をもたらす可能性もある。

2 使用者サイドの変化

使用者サイドの変化として,大企業を中心とするホールディングス化の傾向が指摘できる。ホールディングス傘下で事業会社は独立した法人格として事業を行うが,実質的には持株会社の支配を受ける。また,機関投資家や投資ファンドのような株主が会社の意思決定に大きな影響力を行使する場面もある。このような使用者サイドの変化により,労働組合は,使用者である企業の経営者を相手にするだけでは労働組合の機能を果たすことができなくなっている[12]。

企業変動では複数の当事者の関与が前提となることがあるが,場合によってはそれらの者も使用者の立場に立つことがある。たとえば倒産の場面では,管財人が使用者の立場になることがある(後掲戸谷論文参照)。

3 企業活動における当事者と労使関係

(1) 毛塚勝利教授の研究

毛塚教授は,企業の利害関係人を,①所有関係的ステークホルダー,②契約関係的ステークホルダー,③社会関係的ステークホルダーに,分類される[13]。①所有関係的ステークホルダーは,株式を所有することで企業の意思決定システムに直接間接に関与できる利害関係人であり,持株会社や投資ファンド,個人株主等がこれにあたる。②契約関係的ステークホルダーは,企業システムが活動を行ううえで必要であるために契約関係を取り結ぶ利害関係人のことで,労働者と使用者(経営者)のほか,関連会社や取引先もここに含まれる。③社会関係的ステークホルダーになるのは,国や自治体,住民や消費者である。

企業活動においてはさまざまな利害関係人が当事者となりうるが,労使関係に着目するとそれは②契約関係的ステークホルダー内の関係にとどまる。しかしそのような見方では,経営者以外に実質的に企業を支配している者との関係

---

12) 毛塚・前掲注10)論文53頁。
13) 毛塚・前掲注10)論文49頁。

が欠けてしまう。毛塚教授はこの点を，労使関係システムの実効性を考えたときの問題点として指摘される[14]。さらに毛塚教授は，労使関係が基本的に労働者と使用者の二者関係としてとらえられ，企業にかかわる他のステークホルダーが視野に入れられていないことを指摘される[15]。

(2) 宍戸善一教授の研究

宍戸教授によれば，企業活動が最大の価値を生むために，企業活動の4当事者が高いインセンティブを維持していくことが必要であるとされる。その企業活動の4当事者とは，株主，債権者，経営者，従業員であり，株主と債権者は物的資本の拠出者に，経営者と従業員は人的資本の拠出者に分類される[16]。これら4当事者は企業活動に必須の資源の拠出者であり，これらのすべてが満足できる利得を得るようにすることが，効率的な企業システムを構築することになるとされる。

宍戸教授の研究は，企業活動における4当事者の利害にかかわるものであるが，経営者と従業員，すなわち労使は人的資本の拠出者として，物的資本の拠出者である株主や債権者との関係では連携の方向に向かう性質を有するとの指摘が[17]，注目される。労使の連携は，「会社共同体」の社会規範が形成されている場合にはより強固になるとされる。とくに，敵対的企業買収のような純粋株主の利益が強く主張される局面では，「対純粋株主同盟」と呼ばれるような連携が，経営者を中心に従業員持ち株会や従業員とともに形成されると指摘される。いわば，労使対投資家の構図である。

(3) 企業変動における当事者の利害調整

企業活動の中でも企業変動は，企業の利害関係人，とくに宍戸教授が指摘する4当事者の利害が顕著に衝突する場面である。企業変動における当事者は労使に限られない。株主の中でも大株主は企業変動を実質的に支配し，株式取得によって経営権を獲得することになる者もいるであろう。企業変動による影響

---

14) 毛塚・前掲注10)論文53頁。
15) 毛塚・前掲注10)論文54頁。
16) 宍戸善一『「企業法」改革の論理』(日本経済新聞出版社，2011年) 4頁。
17) 宍戸・前掲注16)書14頁。

を受ける債権者の存在も指摘できる。

　企業変動における関係当事者という点では，労働契約関係当事者である労使以外に，相手方企業（新使用者，譲渡先等）の存在も，注目すべきである。

　経営者は企業変動にあたり，企業変動が企業の価値を高めるものになるよう，複数の利害関係人の利害を調整することに努めるであろう。経営者は労働者の利益のみを尊重するわけではなく，企業変動の相手方や株主，債権者の利害を調整することが経営判断として求められる。もしかすると，経営者は労働者の利益を他の当事者の利益より劣後させるかもしれない。そのような場合に労使関係は対立的なものとなる。他方，労働者（労働組合）の側からすれば，労働組合は投資ファンドや他の取引先といった企業のステークホルダーの利害に関与する立場にない。

　もちろん，労使が常に対立的であるわけではなく，労使が企業経営の維持・存続を図るために，企業変動に向けて協力することも考えられる。労使が協力して敵対的企業買収から企業を守ることが，例としてあげられる。それ以外にもたとえば，労働者の労働条件が不利益に変更されることになるとしても，企業変動が円滑に進行しその後の企業経営が回復・安定するのであれば，中長期的には雇用の維持・存続が守られることになる。それは労働者や労働組合にとって利益であるとの評価もなされよう。

　企業変動の過程で企業の利害関係人の利害を調整するという点で，労使は対立的にとらえられるだけでなく，労使の利益を守るために協力しあう関係ととらえられるべき場合もある。とくに労使に長期的連帯関係が形成されている場合には，労使を超えた当事者間の利害調整を図る役割を労使が協力して担うことも考えられる。[18]

---

18)　加護野忠男「企業統治の再構築と労働組合の役割」連合総研レポート299号（2014年）7頁は，労働組合が長期連帯集団として企業統治に積極的に関与する資格を持っていることを指摘する。

シンポジウム（報告①）

Ⅳ　企業変動法制

1　企業変動と労働法

　企業変動にともない労働関係や労使関係は影響を受けうる。企業変動を直接規制する労働法制に，労働契約承継法がある。労働契約承継法は，会社分割が行われる場合の労働者の保護を図ることを目的として会社法の特例等を定めたものである（承継法1条）。企業変動法制としての労働法は，労働契約承継法だけであり，会社分割以外の労働契約承継法が適用されない場面では，企業変動における労働法上の諸問題は，企業変動以外の場面でも用いられる労働法制や法理によって，労働法の枠内で処理される。

2　会社法制，倒産法制

　企業変動そのものを規定するのは，会社法である。会社法は，合併や会社分割，株式交換・株式移転といった企業変動の仕組みについて，規制を行っている。

　会社分割の仕組みについては会社法が規制するが，会社分割時の労働契約の承継等に関しては労働契約承継法が規制を行う。労働契約承継法は会社法の特例として位置づけられるものの，もっぱら手続的な整備を行ったものであり，会社法原理と労働法原理の調整というよりはむしろ，会社法原理を前提とした労働者保護のための手続規制であると評価でき，労働法原理に根づいた労働者保護が図られていないとの見方も可能であろう。他方，会社分割により，承継会社等と当該労働組合との間で同一内容の労働協約が締結されたものとみなされるが（承継法6条3項），これは会社分割時の労働協約中の規範的部分を保護するものであり，労働法の特性を考慮した調整がなされているといえるかもしれない。

　倒産手続下では倒産法原理に基づきさまざまな制約が発生する。労働法によって認められた労働者の権利であっても倒産法で認められた権利実現の方法に従わなければならないし，労使自治も当然に影響を受ける。しかし，債権者と

の間の手続きでは倒産法原理に基づく当事者間の利害調整が図られるのに対して，労働者との間の手続きでは倒産法により一部修正された労働法原理が妥当する（後述戸谷論文参照）。つまり，現行の倒産法制度は異なる利害調整手続きを定めており，依拠する法原理は共通するものではない。このような倒産法原理と労働法原理の調整についてこれまで論じられることはあまりなかった。

3 企業変動法制

　労働法制以外の企業変動法制は，会社法制定にともなう企業変動関係規定の整理や倒産法制改編のほか，独占禁止法改正による純粋持株会社の解禁のように積極的に整備されてきた。企業変動法制における活発な動きは，企業変動を後押しするとともに，企業変動を多様化，複雑化させている。

　しかし，企業変動に関する包括的な規制があるわけでなく，複数の法原理が調整された規定が整備されているわけでもない。また，法原理を調整するような企業変動ルールが形成されているわけでもないので，法原理が交錯し，時に衝突することになるが，労働法上の諸問題は基本的に労働法の枠内で解決され，会社法原理等との調整や企業変動法制を俯瞰しての問題解決はほとんど行われていなかったように思われる。

V　本シンポジウムの射程

　最後に，本シンポジウムの射程を述べる。

　企業変動の代表的なものとして，合併，会社分割，事業譲渡，株式交換・株式移転，破産，再建型倒産がある。

　企業変動は，経営力の強化や効率化等，企業の価値をより一層高めるために戦略的に行われる，積極的企業変動があり，それに対して，事業の縮小，清算，再生を目的とする消極的企業変動がある。本シンポジウムでは，積極的企業変動，消極的企業変動（倒産）の双方をとりあげる。

　企業変動は，組織法上の行為と，取引行為に区分することができる。組織法上の行為は，合併，会社分割，株式交換・株式移転等であり，取引行為の代表

例が事業譲渡である。組織法上の行為である合併や会社分割に会社法の規制が及ぶのに対して，取引行為である事業譲渡の場面では，他の企業変動と比べると法原理や法規範の調整の問題が生じにくい。そこで本シンポジウムでは企業変動の個別のテーマとして，会社法の規制と労働法の規制の双方が問題となる会社分割をとくにテーマとして取り上げる（後掲成田論文参照）。

企業変動における企業の変化は，事業の移転，経営者ないし使用者の変更，株式の移動等，さまざまである。これらは同時並行して，あるいは連続的に行われることもある。これらのうち，株式の移動の問題は本シンポジウムの検討の対象から除外した。

〔付記〕　本稿は，平成26年度から3か年にわたる科学研究費補助金・基盤研究(C)（課題番号26380077）による研究成果の一部である。

（みずしま　いくこ）

総合商社の投資戦略と労使関係

木 下 潮 音
（弁護士）

I　はじめに——総合商社の投資戦略を検討する意義

　企業変動が労使関係にどのような影響を与えるかを論じるにあたり，総合商社の活動を事例に検討することは，企業実務を知る上でとても有益である。そもそも，総合商社は日本特有の企業形態である。総合商社は分類上，現在でも卸売り・仲介業とされている[1]。伝統的に，総合商社は，商品を仕入れて販売しその取引の口銭を獲得したり，企業間の取引を仲介したりする事業が本来の事業とみられていたが，近年は様々な事業投資による収益獲得が中心の事業となっている。そのため，総合商社は本社を中心に投資戦略に基づいて，多数の企業群を連結や関連に持つ企業集団を形成しており，その中で企業再編が日常的に行われている。

　例えば，三菱商事は2015年6月の株主総会で定款の「目的」を下記のとおり変更した[2]。定款において，総合商社の事業が企業集団を通じて行われることを明らかにしたものである。

記

　「本会社は，エネルギー・金属・機械・化学品・食料・消費財・インフラ・不動産など広範な分野において，本会社又は本会社が株式もしくは持分を所有する他の会社を通じ，商品・資材の売買，新規事業開発，各種サービスの提供など，多角的な事業を行う。」

---

1) 総務省日本標準産業分類（平成25年10月改定，同26年4月1日施行）では，事業所要因100人以上の総合商社は，大分類　卸売り・小売業，中分類　各種商品卸売業にあたる。
2) 平成27年6月19日平成26年度定時株主総会で可決。

シンポジウム（報告②）

　しかしながら，総合商社が行う企業再編に伴う労使関係，労働契約等に関する影響が訴訟等によって争われる事例はないため，その実態が外部に明らかになることがほとんどない。裁判事例の分析等を通じて企業活動による労使関係のあり方を研究することが多い研究者の間で，その実情が知られることはあまりなかった。一方，企業法務を中心として活動する弁護士は，日常の法律相談活動等を通じて訴訟に至らない企業変動に伴う労使関係の問題を取り扱ってきており，労働法を活用することで企業の活動を援助することを業務としている。
　総合商社の活動を取り上げることにより，裁判事例の分析等とは異なる視点で企業再編と労使関係の実務を明らかにする。

II　総合商社とは

　総合商社とは，現在，下記の7社をいう（社名—2015年3月期連結純利益[3]）。
　1．三菱商事—4006億円
　2．三井物産—3065億円
　3．伊藤忠商事—3006億円
　4．住友商事—2230億円
　5．丸紅—1056億円
　6．豊田通商—676億円（2006年4月1日にトーメンを吸収合併）
　7．双日—331億円（2004年4月1日にニチメンと日商岩井が合併）
　ここに明らかなように，一部の総合商社はそれ自体が企業再編を経て現在に至っている。また，企業の決算状況は子会社等との連結で表示され，総合商社単体の決算状況が企業の業績をあらわすものとは考えられていない。

III　投資戦略

　総合商社の前身は戦前から存在しており，特に財閥の中心企業としての歴史

3）　各社の2015年3月期決算資料から著者まとめ。

を有している企業がある。しかし，第2次世界大戦後の財閥解体によって一旦戦前からの財閥企業は多数の企業に分割解体され，その後，再度合併や統合によって企業の形を再形成してきた。その伝統的な事業は卸売り業であり，「商社金融」と称された金融機能によって中小のメーカー等を育成するなどの活動を行い，利益を上げてきた。

　しかし，1990年頃から，総合商社はその一部の事業部門を子会社として独立させる分身子会社を設立して，いわゆる卸売・貿易・物流などの伝統的な商社業務を子会社に移管することを開始した。その先行事例となったのが，1990年に三菱商事が石油リテール本部を分社して，三菱商事石油株式会社が設立されたことであった。[4]　商法改正によって会社分割制度が導入された2000年以前から分社子会社への事業移管は行われていたのである。会社分割制度がないことから労働契約承継制度も存在していなかった当時，分社前に事業部門に所属していた三菱商事の従業員は分社子会社に一旦出向し，その後，分社子会社採用のプロパー社員に業務移管して三菱商事に復帰する人事異動が行われていた。これに伴って分社化による分社子会社独自の労働条件への変更も実現していたものである。

　このように総合商社の事業を単体ではなく連結企業グループで運営し，その収益の最大化を図る事業計画を明確にしたのが，「MC2000」と称する三菱商事の1998年から2001年までの中期経営計画である。「MC2000」の実施に当たっては1999年4月に事業投資先よりのEXITルール（事業からの撤退を決断するルール）を導入し，事業ポートフォリオの最適化を図ることが明示された。その内容は，「資産の入れ替えにより，損失を未然に防止又はミニマイズすると共に適切なタイミングでのEXITにより，利益の極大化を図ることでポートフォリオの質的改善を促進し，ポートフォリオ管理に基づく適切なマネジメントの推進に寄与する。」というものである。このEXITルールに表れているように，事業投資は利益の極大化を目的として常に見直され続けるものであり，事業投資先である企業の再編を通じてより効率的な収益の獲得を総合商社の事

4）　現在の社名は三菱商事エネルギー株式会社。

業の本質と捉えるものである。
 このように，投資戦略を明確にした事業計画の下で，三菱商事の連結当期純利益は1999年から2004年までの5年間で3.8倍（312億円から1176億円）に成長し，その後も連結当期純利益の増額は継続し，現在は4000億円以上に上るものである。1990年代後半から日本経済全体としてはいわゆる「失われた20年」といわれる停滞の時期であったことを考慮すると，このような高い成長が得られたことは総合商社の経営の特筆すべき成果といえるものである。

Ⅳ 大型企業再編の事例

 総合商社が実行した大型の企業再編の事例として，次の事案を紹介する。
 2003年1月に三菱商事と日商岩井（当時，現在の双日）は，それぞれの鉄鋼製品事業部門を共同新設分割（会社分割の1手法）により分割統合して，株式会社メタルワン（以下MO社という）を設立した。設立されたMO社の出資比率は三菱商事が60％が双日40％となった。
 この会社分割時にそれぞれの従業員の処遇は次のように決定された。当時の日商岩井の従業員は労働契約承継によりMO社に承継された。なお，日商岩井の従業員は企業内労働組合の組合員であったため，労働契約が承継された従業員はMO社においてメタルワン労働組合を組織し，MO社には企業内労働組合が設立された。一方，三菱商事の従業員は，その一部は出向により，一部は転籍でMO社に異動することとなった。
 この企業再編から11年を経過した2014年4月1日現在でMO社は単体で従業員1,174名，連結で従業員約10,000名を数える大企業となっている。
 またさらに，2014年11月1日にMO社100％子会社の株式会社メタルワン建材の全事業と三井物産の鉄鋼部門の分社子会社である三井物産スチール株式会社の国内建設鋼材関連事業及びメタルスクラップ関連事業とが統合して新会社が設立された。設立当時の新会社の名称は「三井物産メタルワン建材株式会社」である。総合商社3社の鉄鋼建材部門が統合して1社に集約されるという大規模な企業再編が再度行われたものである。

このように総合商社の連結グループを超えて企業再編が活発に実行されているのである。

V　企業再編に伴う労使関係

1　企業再編に伴って生じる労働契約の変化

　企業再編が行われるときには，それが積極的に収益力の向上を目指すものであったとしても，それに伴い，従業員の労働契約には，「雇用当事者の変更」，「人員削減」及び「労働条件変更の変化」のいずれか又はすべてが生じることになる。これらはいずれも労働契約に関する重要な論点であり，多くの裁判例が存在している。しかし，総合商社が企業再編を行う際には，これらの労働契約上の変化はいずれも従業員・労働組合との合意をもとに実行されており，裁判所又は労働委員会などでの紛争となる事例はほとんどない。そのため，実際にどのような変化がどのような経緯で実行されているのかが，対外的に明らかになることはほとんどないのが実情である。

（1）雇用当事者の変更

　合併，会社分割，事業譲渡，企業買収，企業売却など企業再編に当たって選択される手段方法は多様である。どのような手段方法で企業再編を実行するかを選択する際に重視されるのは，いずれの方法をとることによって，最も税務上のメリットが得られるか等が重視されている。例えば，一部の事業を分離して他者に売却する方法としては，事業譲渡を行うのか，会社分割の上で株式譲渡を行うのか，選択することが可能であり，その選択の理由としては，どちらの方法によることによって支払うべき税金の額が削減できるか等が考慮されることが多いのが実情である。事業譲渡によるか会社分割によるかで労働契約上に生じる変化に影響があるかどうかを考慮することはほとんどないのが実務上の判断である。

　一方，企業再編が行われれば，どの手段を選択しても従業員からは使用者が変更したと認識される。労働契約が包括承継される合併の場合であっても，合併前の使用者と合併後の使用者は労使関係の当事者としては変化が認められる

からである。

　企業再編に伴って，従業員との労働契約関係を異動させる方法には，出向，転籍，労働契約承継等がある。会社分割の場合には，通常は，労働契約承継が行われると考えられるが，実務においては，労働契約承継以外の方法による異動が多用されている。労働契約承継の場合は，労働条件も承継されることになるが，実際には，会社分割の前後で労働条件に変化をさせることを望んでいる場合が多いため，転籍を利用することが発生する。逆に，会社分割を行った結果，分割会社が子会社になることを考慮し，親会社に当たる分割前の会社に採用された従業員は出向とすることで，他の従業員との不公平感を生じさせないというような配慮が必要となる場合があるからである。

(2)　人員削減

　積極的な企業再編であっても再編時に人員削減が行われることが多い。その場合，人員削減は再編前に再編の準備として行われる。例えば，事業買収の相手方から，その事業目的に照らして適正と判断できる人員構成に削減することを求められる場合などである。なお，より事業収益の拡大を目的とした積極的な人員削減であり，人員削減の方法は希望退職募集を選択し，整理解雇が手段として選択されることはない。いわゆる整理解雇の4要件（要素）の一つである「人員削減の必要性」が認められないからである。

(3)　労働条件変更

　企業再編によって，2以上の企業が統合される場合は，統合後の労働条件の統一を図る必要があり，労働条件変更が必然的に生じることになる。その場合，新たな組織における労働時間など，将来に向けた労働条件の変更は比較的容易に行えるが，労働条件変更で困難なものは退職金，退職年金の変更である。会社分割で労働契約承継が行われない理由のひとつに退職金・退職年金処理が困難であることが挙げられる。

　企業再編に伴って，転籍が行われる場合は，従業員の転籍合意により，労働契約の異動と労働条件変更が同時に実現できることになり，転籍は企業再編にとって利便性が高い方法である。転籍に伴い，従業員の不利益が生じる場合があるが，そのような不利益には転籍一時金の支給で補填することが可能であり，

転籍一時金の支給を合意の要件として転籍合意を求めることが行われている。しかし，繰り返し企業再編に遭遇する従業員には，転籍を繰り返す結果となり，実際に，退職金などで不利益が発生するため，従業員の不満を招きやすいという問題がある。

2　労使関係の変化

総合商社にはそれぞれ正社員を組織する企業内労働組合が存在している。これらの労働組合は，企業内労働組合であり使用者との間でユニオンショップ協定を締結しているか又はオープンショップであっても組織率は高い。いわゆる非管理職はすべて労働組合員であることが通例である。

一方，総合商社の連結子会社や持分会社には労働組合が存在する場合も存在しない場合もある。例えば，総合商社の事業部門を分社して設立する分社子会社の場合，企業内労働組合をあえて組織しない事例がある。また，企業再編の対象として買収した連結子会社の場合は，買収前に労働組合が存在していたかどうかによって労使関係が決定されており，労働組合が存在する会社を買収する場合には，そのまま企業内労働組合の存続することが多い。

したがって，企業再編に当たっては，労働組合の存続が，企業再編を実行するかどうかの判断にもかかわる政策課題となりうる問題である。

企業再編の計画時には，対象とする企業における労働組合の存否，労働協約の存否などを必ず調査して評価することが必要となる。労使関係が対立的であるなどの問題を有する企業は再編の対象として望ましくない条件を有していることになる。

企業再編に伴って従業員の出向が行われる場合，出向者が出向元で労働組合員の場合には出向元での労働組合員籍が存続することになる。しかし，出向者の労働条件等は出向元が決定するため，出向先との間で団体交渉関係が成立している場合は少ない。

従業員の異動が転籍や労働契約承継の場合，労働組合の継続は個別の事案で解決する問題となる。

合併などによって，統合される2社以上の会社にそれぞれ企業内労働組合が

ある場合，労働組合の統合も課題となる。またユニオンショップ協定の位置づけや存続も課題となる。

Ⅵ　ま　と　め

　総合商社においては，企業再編とそれに伴う労使関係の変化をどのように実現するかが事業計画そのものとして重要な経営課題となっている。
　したがって，総合商社の経営において企業法務としての労働法の知識は不可欠となっている。労働法の位置づけが労働者の保護や労使の紛争解決のためのものではなく，企業活動において企業に利益をもたらす戦略を支えるものとして労働法を駆使した事業活動が行われているのである。

　　　　　　　　　　　　　　　　　　　　　　（きのした　しおね）

会社分割時の労働契約関係の承継と労働条件の変更

成 田 史 子

(弘前大学)

I　はじめに

　本稿は、会社分割時に、承継事業に主として従事する労働者（承継法2条1項1号、以下「主従事労働者」とする）の労働契約関係の承継および労働条件の変更問題について検討を行うものである。

　会社分割には、分割する会社が「その事業に関して有する権利義務の全部又は一部」を他の会社（承継会社）に承継させる吸収分割（会社法2条29号）と、新たに設立した会社（新設会社）に承継させる新設分割（同条30号）とがある。権利義務関係の移転一般は、承継対象として分割契約（同法757条・758条〔吸収分割〕）または分割計画（同法762条・763条〔新設分割〕）（以下「分割契約等」とする）に記載され、そしてそれが、株主総会における特別決議により承認され（同法309条2項12号・783条・784条・795条・796条・804条・805条）、登記された場合に、包括的に新たな会社へと承継される部分的包括承継の立場がとられている[1]。会社分割時の労働契約関係の承継については、労働契約承継法（以下「承継法」とする）および労働契約承継指針（平成12・12・27労告127号）（以下「指針」とする）等にそのルールが定められている。承継法および指針等は、承継対象となった労働者について、会社分割を理由とする一方的な労働条件の不利益変更を規制しており、労働契約の承継に際し、分割会社と締結していた労働契約の内容である労働条件が、そのまま新たな使用者のもとに承継されるとしている（指針第2の2(4)参照）。しかしながら、会社分割時の労働契約の移転を承継

---

1)　神田秀樹『会社法〔第十七版〕』（弘文堂、2015年）374頁参照。

シンポジウム（報告③）

法の枠組みでは処理せず，転籍等の手法を用い，承継会社等と新規に労働契約を締結することによって，移転対象となった労働者の労働条件を，事実上，不利益に変更するなどの問題が発生している[2]。

また，会社分割の前後において，承継後の労働条件統一の必要性などさまざまな理由から，承継対象となる労働者の労働条件が変更される場合が考えられる。このような承継前後の労働条件の変更問題については，個別合意（労契法8条）や就業規則による労働条件変更の問題（労契法9条・10条）として処理がなされると一般には考えられている[3]。しかしながら，承継法が会社分割を理由とする労働条件の変更を規制しているとすると，会社分割前後の労働条件変更はどのように規制されるべきか否か，検討すべき問題としてある。

そこで，会社分割時に承継対象となる主従事労働者の労働条件の変更問題を検討するために，まず，承継法等が規制している会社分割時の労働契約承継ルールや労働条件の変更ついて，立法過程での議論なども含めて確認する。つづいて，承継事業の主従事労働者の労働契約を，承継法のルールにはよらずに他の手法によって移転することの可否，およびその際の労働条件の変更問題を検討する。そして，会社分割実施前後の労働条件の変更問題については，2005年会社法制定以後の新たな問題もふまえながら，若干の検討を行う。また，集団的な労働条件として，労働協約の承継問題についてもふれるが，本稿では，承継事業の主従事労働者に関する個別的労働条件の変更問題を中心に扱うこととするため，労働協約の承継問題については，紙面の都合から詳細な検討には立ち入らない。くわえて，承継法は，承継事業の主従事労働者および非主従事労働者について，会社分割時の労働契約の承継ルールをそれぞれ規制しているが，本稿では，承継事業の主従事労働者に焦点をあてて検討を行う。

---

2) この問題を争った事件として，阪神バス事件・神戸地尼崎支判平26・4・22労判1096号44頁がある。
3) 荒木尚志『労働法〔第2版〕』（有斐閣，2013年）416頁。

Ⅱ　立法過程での議論状況

　ここでは，承継法等の立法過程において，会社分割時の労働契約関係の承継ルールや労働条件の変更問題について，どのような議論が展開していたのかを確認する。

1　「企業組織変更に係る労働関係法制等研究会」報告の見解
　会社分割制度は，2000年商法改正により導入された。その際，労働契約関係の承継に関する立法的対処の当否を検討するために，労働省（当時）により，1999年12月に「企業組織変更に係る労働関係法制等研究会」（座長菅野和夫東京大学教授〔当事〕）が設けられた。
　2000年2月には，同研究会より研究会「報告」[4]が提出され，労働契約関係の承継については，つぎのような見解が示された。すなわち，労働契約については，「権利義務として分割計画書等に承継する旨が記載されたときは，その記載に従い当然に承継され，……労働者としての地位及び労働条件を含む契約内容がともに承継されると解され」る。「その契約の一部（賃金や労働時間など個々の契約内容の一部）だけを取り出して承継させることはできない」としていた。労働契約の承継に関しては，「なお，分割計画書等の作成と並行して，別途労働者の個別の同意を得て労働契約の内容を，会社分割の効力発生を停止条件とするなどにより，会社分割の効力発生時に合わせて効力が生ずるように変更する契約が締結された場合は，会社分割の効力発生と同時に労働契約の内容が変更される。しかし，この契約は，あくまで分割とは別個の法律行為である。」との見解が示されていた[5]。
　以上の指摘を受け，2000年3月労働契約承継法案（閣法第61号）が作成され，国会に提出された。

---

4)　労働省「企業組織変更に係る労働関係法制等研究会」報告
　　（http://www2.mhlw.go.jp/kisya/rousei/20000210_01_r/20000210_01_r_betten.html）

2 国会での議論状況[6]

労働契約承継法案が国会に提出されると，衆議院の審議では，民主党から「企業組織の再編における労働者の保護に関する法律案」（衆法第9号）が提出された。民主党案第9条では，労働条件の不利益変更に関して，「企業組織の再編が行われたことを理由として，……労働者の労働条件を不利益に変更することのないようにしなければならない。」と明記していた。

また，共産党からも「企業組織の再編を行う事業主に雇傭される労働者の保護に関する法律案」（衆法第16号）が提出された。共産党案第8条では，労働条件の不利益変更の制限に関して，「合併，分割又は営業の譲渡等が行われた後一年間は，……労働契約が承継された労働者（以下「承継労働者」という。）の労働条件を不利益に変更することのないようにしなければならない。」と規定していた。自由民主党や民主党等との間で労働者保護の手続について調整作業が行われ，民主党案は撤回，共産党案は否決された。

民主党案に盛り込まれていた労働条件の不利益変更を法律により禁止する規定については，労働省（当時）は，契約は一方が勝手に変更することができないという原則があり，当然，会社分割を理由とする変更もできず，就業規則の変更法理などに従うのが当然であり，法律に明記するまでもない問題である，との見解を示していた[7]。結果として，会社分割時の労働条件の変更については，承継法に不利益変更を禁ずる旨規定するのではなく，指針において明確化する

---

5) 労働協約の承継に関しては，同「報告」において，以下の問題点が指摘されていた。すなわち，①労働協約が承継されない場合に，移転する労働組合員の労働条件が承継会社等において，不利益に変更される可能性があること，②労働協約が承継会社等へ承継される場合に，分割会社に労働組合員が存在する場合であっても労働協約の適用がなくなるおそれがあること，③労働協約の適用下にある労働組合員が分割会社・承継会社等に分散する場合に，組合事務所の提供等について，分割会社と承継会社等との間で，権利義務を分担することが適当である場合があるが，一つの協約の権利義務の一部だけを承継させることは会社分割法制上可能ではない，という点である。以上の問題点が示され，労働協約については他の権利義務と同様に分割契約等に記載することが可能かどうかという点に疑義があり，承継ルールの明確化を図ることが求められた。

6) 立法経緯の詳細については，原田晃治「会社分割法制の創設について（上）」商事法務1563号（2000年）4頁，菅野和夫＝落合誠一編「会社分割をめぐる商法と労働法」別冊商事法務236号（2001年）など参照。

こととなった。

　また，会社分割後の労働条件の変更に関しては，労働省（当時）はつぎのような見解を示していた。すなわち，とくに複数会社による会社分割にあたり，事前に統一した労働条件の設定が必要となる場合については，分割会社における就業規則が分割時点においてそのまま承継会社等に承継され，その後は，就業規則の変更法理に従うことになり，分割会社における包括承継の効力の問題とは別の問題である，との見解である。[8]

　労働条件変更の禁止期間については，共産党案では，会社分割後1年間の不利益変更の禁止を明記していたが，この点について，労働省（当時）は，就業規則の不利益変更に関する従来の仕組みで対応し，特段の措置は講じない，との見解を示していた。[9]

　以上のような国会での議論を経て，承継法は2001年5月に可決・成立した。

Ⅲ　労働契約関係の承継および労働条件の変更

　つぎに，以下では，会社分割時の労働契約承継の基本的なルールを確認したうえで，労働条件の変更問題について検討を行う。なお，2005年会社法の制定により，承継法および指針等も若干の改正が行われた。以下では，2005年会社法制定後の規定を中心に，検討を行う。

1　承継法による労働契約関係の承継ルール
(1) 労働契約関係の承継ルール

　承継法は，承継事業の主従事労働者とそれ以外とに分け，労働契約関係の承継ルールを定めている。主従事労働者に関しては，個別の同意（民法625条1

---

[7] 岡崎淳一「会社の分割に伴う労働契約の承継等に関する法律」菅野＝落合編・前掲注6) 83頁以下。
[8] 原田晃治「会社分割法制の創設について」原田晃治等編「会社分割に関する質疑応答」別冊商事法務233号（2000年）82頁。
[9] 原田・前掲注8)83頁。

項）を必要とせず，包括的に新たな使用者のもとへ移転する（承継法3条）。主従事労働者が承継対象から除外された場合には，当該労働者は，異議を申し出ることにより，承継会社等に承継される（同法2条1項1号・3条・4条）。[10]

　労働契約関係の承継にあたり，承継法には以下の手続が規定されている。すなわち，分割会社が事業場のすべての労働者に対して，理解と協力を得るための手続である7条措置（承継法7条）および分割会社と承継事業に従事する個別労働者との協議である5条協議（2000年商法等改正法附則5条1項）である。努力義務である7条措置とは異なり，5条協議は協議義務ではあるが，協議の成立・同意までを要求するものではない。[11] くわえて，承継法は，分割会社に対して，分割を承認する株主総会日の2週間前の日の前日までに，①承継事業の主従事労働者および非主従事労働者であるが承継対象とされた労働者（承継法2条1項3号），および②労働協約を締結している労働組合（同2項）への通知義務を定めている。[12]

(2) 労働条件の承継および指針の解釈

　承継法には，会社分割時の労働契約の変更を規制する文言は明記されなかったが，指針に規定されたのは前述のとおりである。

　すなわち，指針では，労働契約は分割会社から承継会社等に包括的に承継されるため，その内容である労働条件はそのまま維持されるものであることとした。維持される労働条件とは，①労働協約，就業規則または労働契約に記載さ

---

10) 主従事労働者が分割会社との雇用継続を望み，承継会社等への承継を拒否することは認められていない（日本アイ・ビー・エム事件・最判平22・7・12民集64巻5号1333頁）。
11) 日本アイ・ビー・エム事件・前掲注10)では，7条措置違反の効力については，労働契約承継の効力を左右する事由ではなく，「7条措置において十分な情報提供等がされなかったがために5条協議がその実質を欠くことになったといった特段の事情がある場合に，5条協議義務違反の有無を判断する一事情として7条措置のいかんが問題になるにとどまるもの」と判断がなされた。また，「5条協議が全く行われなかったとき」および「5条協議が行われた場合であっても，その際の分割会社からの説明や協議の内容が著しく不十分であるため，法が5条協議を求めた趣旨に反することが明らかな場合には，分割会社に5条協議義務の違反があったと評価してよく，当該労働者は承継法3条の定める労働契約承継の効力を争うことができる」とし，会社分割無効の訴えによらずに労働契約承継の効力を個別に争いうる，と判示した。

れている労働条件，②確立された労働慣行であって分割会社と労働者との間で黙示の合意が成立したもののうち労働者の待遇に関する部分，③民法92条の慣習が成立していると認められるもののうち労働者の待遇に関する部分である（指針第2の2(4)イ(イ)参照）。

また労働契約の内容である労働条件の変更については，労働組合法における労使間の合意や，民法の基本原則に基づく契約の両当事者間の合意が必要であるため，会社分割の際には，会社は会社分割理由とする一方的な労働条件の不利益変更を行ってはならず，また，会社分割の前後において労働条件の変更を行う場合には，法令および判例に従い，労使間の合意が基本となるものであること，と明記されるに至った（指針第2の2(4)イ(ロ)参照）[13]。

会社分割時の労働条件の変更に関して，指針は，会社分割を理由とする一方的な不利益変更を規制している。会社分割を理由とする不利益変更が規制されるのであれば，会社分割時に，承継対象となった労働者の同意があったとしても，労働条件を変更することはできないと解釈できる。すなわち，指針では，

---

12) 当該通知義務違反の効果は承継法には規定がない。当該通知義務違反を一律に会社分割の手続的瑕疵として分割無効の原因とするのではなく，事後的に適法な通知が行われるまで異議申出期限日が経過しない，などの個別的な処理を行うのが妥当との解釈がある（荒木・前掲注3)421-422頁）。また，事後的にも適法な通知がなされない場合は，分割の効力発生日以後でも，通知義務違反を理由に，①主従事労働者であるが承継から除外された労働者，または②非主従事労働者であるのに承継対象とされた労働者は，労働契約承継の効力を争うことが可能である，とされている（指針第2の2(3)ハ）。会社分割に際して，労働契約を転籍により承継会社へ移転し，転籍対象となった労働者の労働条件変更の可否を争った事案において，承継法2条1項所定の通知がなされず，その結果，適法な異議申出を行う機会が失われた場合には，当該労働者は，適法な異議申出が行われた場合と同様の効果を主張することができる，と判断されている（阪神バス事件・前掲注2)）。

13) 労働協約の承継については，つぎのように承継法に規定された。すなわち，分割会社が締結している労働協約は，分割契約等に承継会社等が承継する部分を定めることができ（承継法6条1項参照），会社分割により，組合員が分割会社および承継会社等に分散する場合には，労働協約の規範的部分は，会社分割の効力が生じた日に，承継会社等と当該労働組合との間で当該労働協約と同一の内容の労働協約が締結されたものとみなす，という処理がなされる（同条3項参照）。債務的部分については，分割会社と労働組合との合意により，分割契約等に記載する権利義務を決定できるとしているが（同条2項参照），合意不成立の場合には，規範的部分の承継と同様の処理がなされる（同条3項参照）。

シンポジウム（報告③）

強行的に労働条件の不利益変更を禁じていることとなる。しかしながら，一方的な不利益変更を規制しているのであれば，労働条件は合意によって変更可能である，とも解釈できる。承継法および指針等は，会社分割時点での労働条件の変更を強行的に禁じているのか，それとも合意による労働条件の変更は可能なのか，必ずしも明確な立場を示しているとはいえないと考えられる。

以上のように，承継法および指針等において，会社分割時の労働契約関係の承継について，一定のルールが定められた。承継対象となった労働者は，承継法および指針等により，個別的・集団的労働条件が維持されたまま承継会社等へ移転することになる。しかしながら，会社分割を理由とする労働条件の変更を強行的に禁止しているのかどうか判然としない。このことが，つぎに検討するような問題を発生させる。

2 承継法によらない労働契約移転の可否と労働条件の変更問題

(1) 承継法によらない労働契約移転の可否

会社分割に際して，労働契約関係を除くその他の権利義務関係については，会社分割の手続を用いて承継会社等へ承継させる一方で，承継事業の主従事労働者を承継法所定のルールにはよらずに移転させることが可能かどうか，という問題がある。具体的には，主従事労働者を承継会社等へ転籍により移転させることや，分割会社との労働契約関係を維持したまま，承継会社等へ出向させるなどの手法である[14]。

この問題については，会社分割制度が立法された当初，厚生労働省は，分割契約等には出向等をさせる労働者の労働契約を記載せず，分割契約等にその労働契約が記載されない労働者も含めて，分割会社の方針を労働者が同意している場合には，このような分割も可能である，と解説していた。ただし，承継会社等に移転する労働者をすべて出向等の手法により移転する会社分割を行う場合，会社分割の対象である「営業（事業）」が成立するか否かの観点で検討が必要であることに留意すべきである，と厚生労働省は指摘していた[15]。

会社分割の対象については，2005年改正前商法では，「営業ノ全部又ハ一部」としており，営業譲渡の場合における営業概念が参考にされていた[16]。会社分割

制度制定時から，商法学者の間では，「営業」概念を厳格には捉えてはいなかったようであるが，2005年会社法の制定により，会社分割の対象が「事業（＝営業）に関して有する権利義務の全部又は一部」と改められたため，財産の有機的一体性等が不要となり，「事業」を構成しない権利義務関係の一部分を承継会社等へ移転することが可能となった，と一般には解されている。すなわち，2005年会社法制定以降は，会社分割の対象がもはや有期的一体性を要求していない以上，会社分割の対象という観点からは，権利義務の一部である労働契約

---

14) 同様に，事業に関して有する権利義務のうち，労働契約のみを分割契約等には記載せずに承継対象から排除し，かつ他の方法によっても移転せずに分割会社に留まらせることが可能かどうかという問題がある。この問題については会社分割制度が創設された当初は，承継法の考えからは，それはできないとの見解もあった。すなわち，承継法は，そのような形で，現在の職場にいる労働者を自由に切り分けて雇用を承継しないようにすることまでは認めておらず，現在の職場を保障しようという考え方から発している。また，民法625条の個別同意も必要としないように承継法を作っているので，営業概念の問題は別として，このような排除はできないとの見解である（菅野＝落合編・前掲注6）37頁〔菅野和夫発言〕。しかしながら，以上のように，承継事業の主従事労働者であるにも関わらず承継対象から排除された労働者は，承継法所定の異議申出（承継法2条1項1号・4条）を行うことが可能である。つまり，当該労働者は，異議を申し出れば，承継法のルールに従い，労働条件を維持したまま，労働契約関係は承継会社等へ移転することになろう。
15) 厚生労働省労政担当参事官室編『Q＆A労働契約承継法の解説──会社分割と労働関係』（新日本法規出版，2001年）34-35頁。
16) 営業とは，「一定の営業目的のために組織化され，有機的一体として機能する財産（得意先関係等の経済的価値のある事実関係を含む）の全部または重要な一部」と解されている（最大判昭40・9・22民集19巻6号1600頁）。2005年会社法の制定により，営業譲渡から事業譲渡と改めたが，「営業」概念と「事業」概念とには実質的な変更はないとされる（神田・前掲注1）343頁）。
17) たとえば，営業に，権利義務関係のすべてが含まれていれば有機的一体をなす財産であることは間違いないが，このうち一部がかけたからといって営業にあたらないことになるものではなく，当然に有機的一体ではないとはいえないとの見解（前田庸「商法等の一部を改正する法律案要綱の解説（上）」商事法務1553号9頁）や，「営業」概念は，非常に不明確であり，どのような権利義務を移転させればそれで営業になるかというのはよくわからない部分が多く，営業を単位にすると会社分割の範囲が明確になる，という論理は成り立たないとの考え方や〔田中亘発言〕，従業員がかけているだけで当然に財産が有機的一体として機能せず，営業に当たらないということにはならないのが普通のケースであるとの見解もあった〔藤田友敬発言〕（菅野＝落合編・前掲注6）37頁）。
18) 江頭憲治郎『株式会社法〔第6版〕』（有斐閣，2015年）889-890頁。

シンポジウム（報告③）

を転籍または出向等により承継会社等へ移転させることが，理論上，可能であると解される。

　一方で，厚生労働省は，会社分割に際して，労働者を出向等により承継会社等へ移転させる場合であっても，承継法に規定される一連の手続が必要になる，との見解を示していた[19]。すなわち，承継される事業に従事する労働者であって出向等の対象となった労働者については，承継法に規定される通知（承継法2条）や7条措置，5条協議などを行う必要がある。くわえて，当該労働者は，承継法の規定に基づいた異議の申出（承継法4条）を行うことも有効である，と厚生労働省は解説していた[20]。

(2) 労働条件の変更問題

　以上のように，承継事業の主従事労働者であっても，承継法にはよらず労働契約を別の方法により移転することが可能であるとすると，労働条件の変更問題について，どう解釈するかが問題となる。この問題については，分割会社との労働契約をいったん終了し，新たに承継会社等と労働契約関係を成立させる転籍の場合に，とくに問題となる。したがって，ここからは承継事業の主従事労働者に関して，転籍を用いて労働契約関係の移転を行う場合に焦点をあてて，検討を行う[21]。

　この問題については，以下のような三つの解釈が考えられる。

　一つは，転籍などの手法を用い，新規労働契約を締結することによる労働条件の変更が有効と解釈する方法である。指針等が規制する会社分割を理由とす

---

19) 厚生労働省労政担当参事官室編・前掲注15)34頁。
20) 厚生労働省労政担当参事官室編・前掲注15)35頁。
21) この問題を争った事件として，阪神バス事件・前掲注2）がある。同事件では，以下のように判断された。すなわち，承継法は，承継事業の主従事労働者は当該労働者が希望しさえすれば，分割会社との間の従前の労働契約がそのまま承継会社に承継することを保障している。しかし，分割会社との間の従前の労働契約をそのまま承継会社に承継させるという選択肢があることを十分に説明せず，承継法4条に基づく異議を申し出る機会があることを知らせなかった。そして，転籍に係る同意が得られたからといって，承継法2条1項による通知義務等の手続の省略をしてはならず，労働条件の変更を行うような合意解約を，承継法の趣旨を潜脱し，公序良俗に反して無効である，と判断した。本判決の判例評釈として，土岐将仁・ジュリ1484号（2015年）131頁，常森裕介・季労250号（2015年）140頁などがある。

る労働条件の不利益変更に関しては、強行性はなく、労働者の同意があれば、従前の労働契約の内容とは異なる内容の労働契約を締結することができる、という解釈である。これについては、前述のとおり、立法過程における研究会報告書は、「労働者の個別の同意を得て労働契約の内容を、会社分割の効力発生を停止条件とするなどにより、会社分割の効力発生時に合わせて効力が生ずるように変更する契約が締結された場合は、会社分割の効力発生と同時に労働契約の内容が変更される。」との見解を示していた[22]。すなわち、転籍による労働契約の移転を会社分割とは別の法律行為と位置づけ、労働者の同意により労働条件の変更を認める、という解釈を示していたとも考えられる。しかしながら、この解釈によると、労働条件変更をともなう転籍合意の成否が問題となろう[23]。

もう一つは、転籍により労働契約関係を移転する場合であっても、労働条件の変更を一律に無効とする解釈である。すなわち、承継法および指針等の強行性から、会社分割を理由とする労働条件の変更は禁じられ、転籍のように新規に労働契約を締結する場合であってもこのような変更は許容されない、との解釈である。

三つめは、労働条件の変更を一律に無効とするのではなく、転籍により移転の対象となる労働者に対して承継法2条1項所定の通知による十分な説明を行ったのち、当該労働者が異議申出（承継法4条）を行わなかった場合には、労働条件の変更を有効とする、という解釈である。

前述のとおり、会社分割時に主従事労働者を転籍により移転させる際にも、情報通知（承継法2条1項）および異議申出権（承継法4条）は、合意によって排除することができない[24]。承継法2条1項による情報通知は、承継事業の主従事労働者でありながら転籍による移転対象となっているに労働者に対しても行わなければならない。そして、通知内容には、承継法の承継ルールによると従前の労働条件が維持されたまま移転することや、異議申出に関する事項等を十分に説明することが含まれると解される[25]。情報通知を受けた労働者は、2週間

---

22) 研究会報告・前掲注4)。
23) 土岐・前掲注21)132頁。
24) 厚生労働省労政担当参事官室編・前掲注15)35頁。

という熟慮期間を経た上で，転籍による移転に同意できない場合には，主従事労働者であるにも関わらず承継法による承継対象から除外されたとして，異議申出を行うことができる（承継法4条1項）。当該労働者が異議申出を行った場合，労働契約関係は，承継法のルールにのっとり，労働条件を維持したまま承継会社等へと移転することになる（同条4項）。つまりは，転籍による労働条件の変更については，承継法による通知を受けて熟慮した結果，労働条件の変更に対し同意し，かつ異議申出権を行使しない場合に限って，そのような労働条件の変更を有効とする解釈である。異議申出権に関しては，承継法の立法当事者の解説によると，「承継法が保障しているのは，主として生産に従事してきた労働者が（承継対象から）除かれた場合には全員異議を申し立てることができるということ」とされていた。[26]すなわち，情報通知等の手続と異議申出権が排除されない，ということにより，承継法のルールにはよらずに主従事労働者を承継会社等へ移転する場合でも，その際の労働条件の変更については，一定の保護が与えられていると解釈できる。

　一方で，労働条件の変更を一律に無効と解釈する場合，労働者が労働条件の変更に同意し，承継法2条1項による当該労働者に対しての十分な説明に基づいて，承継法4条1項による異議申出を行わなかったとしても，労働条件の変更をともなう転籍は無効となる。これは，上述の承継法の立法趣旨や目的とは相容れないと考えられる。

　以上のことから，会社分割時に，承継事業の主従事労働者の労働契約関係を承継法のルール以外の手法で移転する場合の労働条件の変更問題については，労働条件の変更を一律に無効または有効とするのではなく，承継法2条1項に

25）承継法は，承継事業の主従事労働者および非主従事労働者であるが承継対象とされた労働者（承継法2条1項・3項）に対して，当該労働者が分割契約等に記載されたか否か，異議申出期限日，承継事業・分割後の分割会社・承継会社等の概要，当該労働者の業務内容等，分割会社・承継会社等が分割後に負担する債務の履行の見込み，異議申出の仕方等を通知しなければならない（承継法2条1項，承継則1条），としている。このことから，承継事業の主従事労働者については，「分割契約等に記載されたか否か」すなわち，労働契約の移転は，承継法に規制されるルールによって承継されるのかどうかを説明しなければならない，と解される。

26）菅野＝落合編・前掲注6）38頁。

よる十分な説明を行ったのち，当該労働者が異議申出を行わなかった場合に限って労働条件の変更を有効とする，と解釈することが妥当であると考える。

3　会社分割前後の労働条件の変更問題

以上検討したとおり，会社分割時の労働条件の不利益変更が承継法により規制されているとすると，つぎに，会社分割の前後における労働条件の変更についてどう解釈するかが問題となる。以下では，承継事業の主従事労働者の会社分割前後における労働条件変更について若干の検討を行う。

(1)　個別労働契約の変更

個別労働契約の変更による労働条件の変更については，会社分割前後いずれの場合においても，労働契約当事者間の個別の同意（労契法8条）が原則となると考えられる。

(2)　就業規則の変更

つぎに，会社分割の前後での就業規則の不利益変更問題について，検討を行う。[27]この問題については，会社分割制度が導入された当初，労働省（当時）は，会社分割後の承継会社等での就業規則の変更については，分割後一定期間の労働条件変更を禁ずることはせず，就業規則変更の一般法理に従う旨の見解を示していた。[28]つまり，会社分割の前後における労働条件の変更それ自体は禁止されているものではなく，就業規則の変更を行う場合には，就業規則の不利益変更の問題（労契法9条・10条）として処理がなされることとなる。

就業規則の変更により会社分割前後の労働条件の変更が可能であるとすると，つぎに，会社分割前に分割会社で行われる就業規則変更については会社分割実施予定や，会社分割後に承継会社等で行われる就業規則変更については会社分割を実施したことが合理性の判断にどの程度考慮されるのか，という問題を検討しなければならない。ここでは一般的な就業規則の変更法理に関する議論には立ち入らないが，会社分割の実施予定または会社分割の実施をもって，ただ

---

27)　この問題を詳細に検討したものとして，奥田香子「労働契約承継法に関わる労働条件変更問題」季労197号（2001年）53頁等がある。

28)　原田・前掲注8)83頁。

シンポジウム（報告③）

ちに就業規則変更の合理性を認めるべきかどうかは慎重に判断しなければならないと考える。[29]

Ⅳ　お わ り に

　以上のように，本稿では，会社分割時の労働契約関係の承継と労働条件の変更問題について，承継事業の主従事労働者に焦点をあてて，検討を行った。以上の検討を簡単にまとめたうえで若干の考察をくわえ，結びにかえる。

1　会社分割時の労働契約承継および労働条件の変更問題

　Ⅲ1で検討したとおり，承継事業の主従事労働者が承継法の枠組みにより承継会社等へと移転する場合には，指針で示されているように，従前の労働条件が維持されたまま，承継会社等へと承継される。労働協約を締結していた場合には，労働協約も承継され，個別的・集団的労働条件が維持される。

　一方，Ⅲ2で検討したように，承継事業の主従事労働者を承継法の枠組みでは移転せず，別の手法により移転する場合，承継会社等と新たな労働契約を締結する際に，従前の労働条件を事実上変更する，という問題がある。この場合，転籍等により承継会社等への移転対象となった労働者に対しても，承継法に規定される情報通知等の手続は排除されない。また，当該労働者が，承継事業の主従事労働者である場合には，承継法による承継対象から除外されたとして，承継法所定の異議申出を行うことができる。異議申出を行った場合，承継法等のルールに従い，労働条件も維持したまま，労働契約関係は包括的に承継会社等へ移転することとなる。つまりは，承継事業の主従事労働者でありながら転籍等の対象となった労働者については，承継法2条1項所定の情報通知および異議申出権が排除されないことによって，転籍により承継会社等へ移転するの

---

29) 吸収分割のように，複数会社が分割に関わり，労働条件の統一が必要となる場合がある。会社分割の事案ではないが，合併を行った結果，労働条件を統一する必要が発生したために行われた労働条件変更の問題が争われた大曲市農協事件（最三小判昭63・2・16民集42巻2号60頁）では，就業規則変更の一般法理が適用された。

か，それとも承継法の枠組みによって承継されるのか，選択肢が与えられる，と解釈できる。これにより，転籍により不利益に労働契約の内容が変更される場合であっても，当該労働者は，異議申出権を行使することにより救済される余地がある，と解釈できる。

2 会社分割前後の労働条件変更問題と新たな課題

つづいて，問題となるのが分割前後の労働条件の変更についてである。Ⅲ 3 で検討したとおり，この問題については，労働契約当事者間の個別の合意（労契法 8 条）や，就業規則の不利益変更問題（同法 9 条・10条）として処理がなされる。分割後一定期間の労働条件変更は禁じられていない。

一方で，平成2005年改正前商法下では，会社分割時の事前開示事項とされていた「各会社ノ負担スベキ債務ノ履行ノ見込アルコト及其ノ理由ヲ記載シタル書面」（改正前商法374条ノ 2 第 1 項 3 号・374条ノ18第 1 項 3 号）が，2005年の会社法制定により，「債務の履行の見込みに関する事項」（会社法施行規則183条 6 号等）と改正された。旧商法下では，債務の履行の見込みのない会社分割は無効と解されていたところ[30]，一定の債務について「履行の見込みに関する事項」の開示が要求されるにすぎなくなり，債務超過分割が可能になったと一般には解されている[31]。そもそも，承継法はこのような債務超過分割を予定してないため，労働契約の承継はこのような会社分割の対象にはならないとの解釈もある[32]。しかしながら，債務超過分割が可能となると，会社分割による不採算部門の切り離しなどにより，分割後に承継された労働者の労働条件が不利益変更されるリスクが高まることが想定される。この場合，不利益を被る労働者については，Ⅲ 3 (2)で検討したような労働条件変更の不利益変更に関する一般法理による救済のほかには，労働契約の承継無効を争うことで，承継会社等での労働条件不利益変更を回避する救済方法が考えられよう。承継法は，承継対象となった

---

30) 名古屋地判平16・10・29判時1881号122頁，原田晃治「会社分割法制の創設について〔中〕」商事法務1565号（2000年）11頁等。
31) 神田・前掲注 1 ）381頁。
32) 島田陽一＝土田道夫「労働判例この一年の争点」日本労働研究雑誌604号（2011年）31頁。

承継事業の主従事労働者に対して，分割会社との雇用継続を望んで承継を拒否する権限は認めていないが，5条協議に瑕疵があった場合には，個別に労働契約の承継無効を争いうるとしている。[33] そこで問題となるのは，5条協議の内容であるが，[34] 分割会社が，分割後，承継会社等において労働条件が不利益に変更されることを予想している場合には，この点についても5条協議の対象となると考えられる。したがって，5条協議において，分割後の労働条件の変更について十分な通知が行われなかった場合には，5条協議違反として，労働契約承継の無効を争いうると考えられる。[35]

3　結　び

本稿では，承継事業の主従事労働者の労働契約関係の承継および労働条件変更問題について検討を行い，現行法制の問題点についての指摘を行った。しかしながら，会社分割時の労働契約承継問題は，主従事労働者以外の承継に係る問題や，会社法と承継法とでは想定している会社分割の定義にかい離が生じている点，このことを原因とする労働契約関係の承継に関する新たな問題など，多岐にわたっている。会社分割時に起こりうる労働契約承継や労働条件変更の問題点の全体を見渡し，会社法との調整を図ったうえで，承継法を再度構築しなおす時期にあると考える。

---

33) 日本アイ・ビー・エム事件・前掲注10)。
34) 日本アイ・ビー・エム事件・前掲注10)では，5条協議の内容については，「指針に沿って行われたものであるか否かも十分に考慮されるべきである。」と判示されている。
35) 会社分割後に設立会社において賃金引下げなどの労働条件の不利益変更が確実になされることについて，分割会社により説明がなされなかったことが労働契約に基づいて生じた説明義務に違反するとして，分割会社に対し，債務不履行に基づく損害賠償を請求した事案では，労働条件の変更が分割後に行われるかどうかについて，分割会社が判断するのは不合理であり，5条協議の対象とはならないものの，労働条件が変わることが具体的に予想されている場合は，その点に関する説明義務が分割会社に生ずる旨，判断している（EMIミュージック・ジャパン事件・静岡地判平22・1・15労判999号5頁）。ただし，分割後の労働条件変更について，5条協議において十分通知していた場合には，5条協議違反はなく，労働契約の承継を争うことができないだろう。この問題につき，詳細な検討を行うものとして，金久保茂・法協129巻2号（2012年）400頁。

〔付記〕 本稿は，日本学術振興会科学研究費助成事業（学術研究助成基金助成金）・若手研究(B)「企業組織再編時の労働者保護を目的とした法規範の構築方法」（課題番号25780035）による成果の一部である。

（なりた　ふみこ）

企業組織再編と労働組合の組織変動

徳 住 堅 治
(弁護士)

I　はじめに

　企業組織再編の増加にともない，解散・組合合同などの労働組合の組織変動が増加している。労働組合の組織変動に関する労働組合法の規定は時代の要請に即応しておらず，実務的にいくつかの困難な課題が生じている。

　労組法は，従来，残余財産の処理などについて民法の法人の章を準用していた。民法上の公益法人は，明治29年の民法制定以来，公益的な活動を担う主体として，非営利法人一般に大きな影響を与えてきた。労働組合は，その主たる目的・機能が労働者の労働条件の維持・改善など経済的地位の向上を図るものであり，この目的達成のために労働者自ら主体的に結成する団体である。労働組合は，営利団体ではなく，もちろん公益法人でもない。従って，労組法が，公益法人の残余財産処理に関する民法の規定を準用すること自体，不適切であったことは否定できない。

　平成18年民法改正により「法人の章」が改廃され，法人に関する基本的規定の4条のみを残し，38条から84条までの法人の設立・管理・解散に関する規定が削除された。この民法改正にともない一般法人法・公益法人法が制定され，公益性の認定を受けた法人のみが公益法人となった。一般法人法・公益法人法の制定にあたり，相当早い段階から「公益法人制度の抜本的改革」が検討され，公益法人制度の抜本的かつ体系的な見直しが行われた。一般法人法では，一般社団法人等について，「解散決議要件の3分の2への緩和」，「残余財産の社員

1）　渋谷幸夫『公益社団法人・公益財団法人・一般社団法人・一般財団法人の機関と運営』（全国公益法人協会，2013年）3頁。

総会決議方式の導入」、「合併規定の新設」が行われた。他方、民法改正にともない労組法改正の問題が浮上したが、議論らしい議論がされた形跡がなく、労働政策審議会で検討された事実もない。結局、労組法は、清算等に関する改正前民法とほぼ同様の規定を定めたに留まり、解散規定の改正や組合合同規定の新設は行われなかった。残余財産処理に関して、労組法は、構成員たる社員に組合財産を帰属させないという改正前民法の公益法人の考え方をそのまま受継した。

　このため、労働組合の組織変動にともなう実務的困難を回避する方法が模索されている。緩和されなかった労働組合解散の4分の3の決議要件は、労働組合にとり高いハードルとなることがある。その場合、その決議要件を回避して解散する方法が模索されている。また、労働組合の組織変動にともなう組合財産処理に関して、組合員から①総会決議などに基づき残余財産を組合員に分配すること、②類似目的処分方式の利用により広範囲の団体に残余財産を帰属させることの要請が強まっている。さらに、労組法には、組合合同の規定を欠いており、権利義務の承継について、「包括承継説」では適切に対応できない、実務上困難な問題が生じている。特に、組合合同にともなう債権・債務と労働協約の承継について、第三者および使用者との関係で基本的には民法などに基づく取引上の問題として処理せざるを得ない事態が生じている。

　集団脱退・組合分裂など労々間対立が激しかった時代と異なり、現在では、労働組合の組織変動に関して、①解散の決議要件の緩和、②総会決議に基づく組合財産の自由処理の要請が強まっている。確かに、憲法28条が労働基本権を保障し、労働者の団結による労働条件の維持向上を目的として労働組合の設立が認められていることから、安易な労働者の団結破壊は容認できないが、労働組合の解散や残余財産の処理について公益法人並みの厳格な規制をする必要はなく、労働組合の総会決議に基づく適切な処理を容認する解釈が求められる。

2）　西谷敏＝道幸哲也＝中窪裕也編『新基本法コンメンタール　労働組合法』（日本評論社、2011年）155頁［鎌田幸一］。

シンポジウム（報告④）

Ⅱ　労働組合の解散と残余財産の処理

1　労働組合の解散

　労組法（10条）は，労働組合の解散事由について，①規約で定めた解散事由の発生，②組合員又は構成団体の4分の3以上による総会の決議，の二つの方式を定めている。改正前民法の解散の決議要件は4分の3であるが，旧68条では法人の解散事由として，「破産」，「社員の欠乏」などを定めており，労組法はその当時から労働組合の解散事由を改正前民法の規定に比して狭く限定していた。解散事由を限定した理由は，「組合自治の原則を尊重して労働組合に対する国家的干渉をできるだけ排除しようとしたこと」，および，「安易な解散を抑制しようとしたこと」といわれてきた。今回の民法改正の際労組法の解散規定は，改正されることなくそのまま維持された。他方，一般法人法（148条）では，一般社団法人について①定款で定めた存続期間の満了，②定款で定めた解散事由の発生，③社員総会の決議，④社員が欠けたこと，⑤合併，⑥破産手続の決定など，解散事由を改正前民法より広げる規定を設けた。しかも，社員総会の決議要件を「総社員の半数以上であって，総社員の議決権の3分の2」として，改正前民法69条や労組法所定の解散決議要件より緩和した。

　企業組織再編では企業そのものが消滅するケースが多く，その場合労働組合の解散を組合員も受入れる意向も強くて解散の可否をめぐり激しい対立が起こりにくい。しかし，4分の3以上という労働組合の解散決議要件は厳しく解散が困難になるケースもある。この決議要件を組合規約で緩和できるかについては，従来，積極説の「補充規定説」[4]と消極説の「強行法規説」[5]との解釈の対立があり，判例も両説に立つものがそれぞれある。この規定は労働組合という法

---

3)　西谷＝道幸＝中窪・前掲注2)［鎌田］151頁。
4)　日本労働組合総同盟事件・東京地判昭29・9・10労民集5巻5号453頁，第一工業製薬労働組合事件・京都地判昭39・3・13労民集15巻2号152頁，賀来才次郎『改正労働組合法の詳解』（中央労働学園，1949年）138頁，柳川真佐雄ほか『全訂　判例労働法の研究(上巻)』（労務行政研究所，1959年）836頁，東京大学労働法研究会『注釈労働組合法(上巻)』（有斐閣，1981年）612頁。

人の設立・存続・終了に関する団体規制の中核をなすものであり，労働組合の団結をできるだけ維持継続し組合解散には慎重であるべきとする現行労組法の規定振りから，私は，労組法10条は強行法規であり組合規約で決議要件を緩和できないと考える。

その上で，4分の3の決議要件のクリアーが困難な労働組合に対して，組合規約で定める解散事由に関して，組合員の直接無記名投票の過半数（労組法5条2項9号）の支持により組合規約を改正し，対処することを勧めている。組合規約に解散事由を定める労働組合は，少数なのが現状である。しかし，組合規約を改正し，解散事由として「企業の解散・合併」，「組合の合同・分割」，「組合員の一定数以下への減少」などを定めて対処することが考えられる。解散直前に組合規約を改正して解散事由を明記することは脱法行為であるとの批判もある。しかし，4分の3という解散決議要件が他の法人法に定められた決議要件に比して厳し過ぎることから，解散直前であっても労組法に則り組合規約を改正し，解散事由を明記することは法的に許されると考える。

2 残余財産の処理

残余財産は，法人が解散した後，清算手続を経て，その債務を全債権者に返済した後になお法人に残存する財産である。残余財産の処理について，現行労組法（13条の10）は，民法旧72条とほぼ同じ内容の，①指定方式，②類似目的処分方式，③国庫帰属方式を定めている。改正前民法の規定と相異する点は，類似目的処分方式について「主務官庁の許可」の要件が削除されたことなどである。改正前民法の法人の章では，「公益のために財産を義捐した人の本意に背くし，私利のために公益事業を廃止する弊害を生ずる恐れがあるとして」，

---

5) 第一工業製薬労働組合事件・大阪高判昭41・1・31判タ193号112頁，吾妻光俊『条解労働組合法』（弘文堂，1954年）94頁，外尾健一『労働団体法』（筑摩書房，1975年）112頁，西谷敏『労働組合法〔第3版〕』（有斐閣，2012年）137頁。
6) 奥川貴弥「組織再編における労働組合の統合」「倒産と労働」実務研究会編『詳説　倒産と労働』（商事法務，2013年）464頁。
7) 民法旧72条時代に残余財産について類似目的処分を行うために主務官庁がどこなのか（労働委員会，法務局，厚労省などが考えられる。）調査したが，判明しなかった。

シンポジウム（報告④）

公益法人として余剰金や残余財産を構成員たる社員への分配が禁じられていた[8]。また，行政実務では，公益法人の設立者自身やその相続人を権利帰属者と定款で定めた場合，主務官庁がその設立を許可しない取扱いをしていた[9]。現行労組法には，改正前民法の法人の章の公益法人の考え方をそのまま引き継ぎ，残余財産などを構成員たる組合員に分配する規定が設けられなかった。

　他方，一般法人法（239条）では，一般社団法人・一般財団法人双方の共通規定として，残余財産の帰属について，①定款方式，②社員総会などの決議方式，③国庫帰属方式が定められた。この「社員総会などの決議方式」には特別の制限がなく[10]，残余財産の帰属先を構成員たる社員，類似目的の団体，第三者などに帰属させることも許され，残余財産の自由処理が認められる。しかも，社員総会などの決議要件は，議決権の過半数であり要件が加重されていない。改正前民法が残余財産を構成員に分配しないことについて，公益法人であっても，法人が活動している場面と法人が目的を達成した後で残余財産を分配する場面とを区別して論じるべきであるとの批判が当時から根強くあった[11]。これらの批判を受けて，公益法人法とは差異を設け，一般法人法では，社員総会での過半数決議に基づく残余財産の自由処理規定を置いた。残余財産の自由処理を認める法改正に至ったのは，旧中間法人法の中間法人や各種の協同組合制度のような非営利法人の中には，構成員に残余財産の帰属を認める法人類型が存在し，法制上非営利法人だからという理由のみで，残余財産を社員又は設立者に帰属させることを一律に禁止できないとの考え方に基づいている。なお，一般法人法と同時に制定された公益法人法（5条18号）では，公益法人の残余財産の処理について，類似目的処分方式を定款で定めることを求めている。

　最近の労働組合の清算手続では，残余財産額が，数千万円，数億円に達することも珍しくない。それだけに組合の残余財産処理に関する組合員の関心は，

---

8) 中田裕康「公益的団体の財産―残余財産の帰属という視点から」ジュリ1105号（1997年）56頁。
9) 中田・前掲注8）57頁。
10) 渋谷・前掲注1）779頁。
11) 山本敬三『民法講義1』（有斐閣，2001年）392頁，中田・前掲注8）57頁。

高いものがある。労働組合の財産構成の内訳は，①組合費，②闘争積立金，③寄付，④資産運用などによる収益である。「組合費」の内訳には，現在在籍の組合員だけでなく，会社在籍・非在籍の元組合員の組合費が含まれている。「闘争積立金」には，「個人名義積立」，「組合名義積立」，「個人毎の積立明細が明らかな組合名義積立」の三つの積立方法がある。その内，「個人名義積立」と「個人毎の積立明細が明らかな組合名義積立」については，清算手続きにおいて労働者本人に返済されるのが一般的である。「収益」としては，賃料，不動産売却益，利息などがある。組合財産はこのように三つから構成されているが，組合財産の主要部分は，組合員が収めた組合費と闘争積立金である。

労働組合は公益法人ではない。解散時に残余財産を構成員たる社員には分配できないとする，民法旧72条の公益法人の考え方に縛られる必要はないと考える。組合財産は，主に，組合員が納めた組合費と闘争積立金から構成されており，労働組合の団結維持が終了し，解散にともなう残余財産を組合員に分配すべきとの組合員の要求には説得性があり，現行労働法下でもそれを実現する方法が追求されている。組合員としては，自ら拠出した組合費・闘争積立金で組成されている組合財産が国庫へ帰属することを容認できない。

組合の残余財産処理について，「法人格を有する場合」と「法人格がない場合」に分けて考察する。

(1) 法人格を有する場合

総会決議などで残余財産を組合員へ分配することについて，学説では肯定説が有力である。東京大学労働法研究会『注釈労働組合法』[12]は，「労働組合は基本的には構成員の利益を擁護するために組織された団体であり，その財産はかかる利益擁護の活動源として構成員が拠出したものである。」，「組合規約であらかじめ明定しておかなければ残余財産の構成員への分配は不可能であるというのはいかにもおかしい。上記の第一と第二との間に，総会の決議によって組合員へ分配するという処理方法を認めるべきであろう。」と述べている。しかし，労働組合の残余財産の帰属に関する労組法の規定は，法が認める労働組合

---

12) 上巻（有斐閣，1981年）656頁。西谷敏『労働法〔第2版〕』（日本評論社，2013年）553頁同旨。

という法人の設立・存続・終了に関する団体規制の中核をなすものであり，強行法規であるとみなさざるを得ない。とするならば，総会決議などで残余財産を組合員に分配することは，将来何らかの紛争が生じて司法判断を受ける事態が生じた場合，実務的にはリスキーであることは否定できない。私は，組合財産を組合員に分配する次の二つの便宜的方法が許されると考えている。一つは，組合規約を改正して，残余財産を帰属させる者として，例えば「解散時在籍の組合員」，「会社在籍の元組合員」，「組合大会決議に基づき指定する者」などを指定する方式である。二つ目は，組合解散決議前に，総会決議に基づき，組合活動費や活動補助費名目で組合員，支部・分会に配分交付する方法である。

さらに，組合員に財産を分配するとしても，その分配方法にも検討すべき課題がある。①「元組合員への分配の可否・適否」，②「組合在籍年数による按分比例分配の可否」の二つの課題である。元組合員は，会社在籍と非在籍とを区別して論じる必要がある。元組合員が収めた組合費・闘争積立金などが労働組合の財産の相当部分を占めている場合も多く，また，会社在籍の元組合員である管理職からの分配要求も強いこともある。元組合員の管理職などから，「分配しないのであれば裁判を提起する。」と強く要求されたこともある。私は労働組合から相談を受けた際，「非組合員は組合に権利主張することができず，元組合員に分配する必要がない。」，「労組法5条2項3号の平等取扱い原則からして，組合在籍年数にかかわらず組合員に平等分配すべきである。」とのアドバイスをした。しかし，組合の規模はさまざまであるが，組合員約2000人，数百名，数名の労働組合の解散の際に，全組合員無記名のアンケート調査をそれぞれ実施したところ，「元組合員にも分配すべきである。ただし，会社在籍に限る。」[13]，「組合在籍年数に応じて按分比例分配すべき」との意見が圧倒的多数であった。ほとんどの若い組合員が，元組合員に分配すること，先輩組合員に多く分配することに賛成したのである。これらの組合は，解散決議前に総会

---

13) 会社非在籍の元組合員への分配については悩ましい問題がある。元組合員の特定及び住所，死亡していた場合の相続人の特定，組合在籍期間など調査が困難なことが多い。元組合員は労働組合に対して分配請求権を有しないので，元組合員に分配するか否かは，総会決議などで自由に決定できると考える。

決議に基づき，アンケート調査の結果の通りに分配した。ただ，組合在籍年数に応じた按分比例は，在籍年数を一定の年数ごとにグループ化して分配した。

また，残余財産について類似目的処分方式でのさまざまな処分が行われるようになり，その適否も検討する必要がある。この方式を用いて，上部労働組合（産業別労働組合）・地域労働組合・友誼労働組合や組合合同先に残余財産を帰属させることは，問題のない類似目的処分であり一般に広く行われている。「処理後の最終的な残余財産は，上部労働組合に寄付する。」との総会決議で処理されることも多い。

組合合同する両組合の組合財産額に相違がある場合に，類似目的処分が問題となった事例がある。組合財産が数億円あるA組合と数千万円しかないB組合が合同する際に，両組合の組合財産額のアンバランスが問題となった。A組合の組合員からは，合同後にB組合の組合員のために使用されることには納得がいかず，組合合同する前に組合財産の差額分を組合員に分配すべきとの強い意見が出された。そこで，A組合は合同する前に5億円拠出して福祉厚生基金を創設し，合同後にその福利厚生基金からA組合員の福利厚生・慶弔費を支出する仕組みを作ったが，この処理は類似目的処分として許されると考える。また，組合員二人であるにもかかわらず，残余財産数千万円の組合が解散する際，寄付先を慎重に調査した上で，東日本大震災の復興活動をしている社会福祉活動団体（NPO法人）へ1千万円近くを寄付した。労働組合の目的は，組合員の労働条件の維持改善などの経済的機能だけでなく，福利厚生の社会一般の向上という社会的・文化的機能も労働組合の類似目的の対象範囲に含まれ，こうした処分も許されると考える。この組合は，解散前に元組合員である管理職を含めて分配し，解散後NPO法人に寄付を行いその余を上部労働組合に寄付して消滅した。

(2) 法人格がない場合

法人格がない労働組合の組合財産は組合員の総有であるとして，「品川白煉瓦労働組合事件・最高裁判決昭32・11・14最民集11巻12号1943頁」は，財産分割請求権を否定した。また，「全金徳島三立電機支部事件・徳島地裁判決昭62・4・27労判498号50頁」は，法人格を有しない労働組合は「権利能力な

シンポジウム（報告④）

社団」としてその財産は組合員の総有であり，組合財産を分配するには，「全組合員の同意」か，規約所定の組合解散に準じた組合員の4分の3以上の賛成が必要であるとした。その上で，組合大会での過半数決議に基づく組合員への組合闘争資金の分配決定が旧執行部の不法行為を構成するとして，旧執行部に対する闘争資金総額相当額約1500万円の損害賠償請求を認容した。ただ，この事案は，集団脱退にともなう組合の組織的同一性をめぐる争いが絡んでおり，法人格のない労働組合の純粋な残余財産処理の案件とはみなし得ないことに留意する必要がある。

　これらの判決は，「権利能力なき社団」の財産の所有形態が組合員の総有であることを重視しすぎていると考える。法人格のない労働組合の場合労組法13条の10の適用はなく，組合規約などで定められた4分の3以上の解散決議に基づく解散により組合の団結継続の目的が終了して総有関係が廃止され，組合大会決議により組合財産を組合員に分配できると考える。[14)・15)]

Ⅲ　労働組合の合同

1　労働組合合同の種類の手続

　組合合同には，「一部組合が解散し，存続組合が解散組合の権利義務を承継」する「吸収合同」と，「全組合が解散し，新設組合が解散組合の権利義務を承継」する「新設合同」がある。全組合が解散する新設合同の場合，権利義務関係の承継に困難な課題が生じるので，それをできるだけ回避するために，実務的には存続組合に権利義務を承継させる「吸収合同」が採用されている。吸収合同の場合，どちらの組合が存続組合になるかの決定にあたり，組合間の主導権争いも絡んでその決定に苦労することがある。合同の手続は，合同契約の締

---

14)　石井照久「労働組合の分合と解散」石井照久＝有泉亨『労働法体系1』（有斐閣，1963年）86頁「民法72条を準用するのは妥当ではない。」，「解散により総有関係が終了する段階においては，……各組合員に残余財産分配請求権を認むべき」。
15)　菅野和夫『労働法〔第10版〕』（有斐閣，2012年）623頁「全組合員の4分の3の同意で総有を廃止できる。」，西谷・前掲注5）137頁「解散の際の総会決議で分配できる」。

結，解散組合および存続組合での組合総会決議の手順で行われるが，決議要件は，多くは，解散規定の4分の3で行われている。

2 労働組合合同と権利義務の承継

(1) 包括承継

組合合同による権利義務の承継に関しては，「包括承継説」[16)・17)・18)]が有力である。組合合同による権利義務の承継に関して，古い判決ではあるが，「全金大同製鋼事件・名古屋地裁判決昭24・4・25労民集4号122頁[19)]」がある。同判決は，労働協約の解約失効を理由に労働協約承継の確認申請を却下したが，その判決理由中で，組合合同に関して，法の会社の新設合併の規定を類推適用し包括承継説の立場から労働協約は承継されると述べている。

(2) 包括承継説をとり得ない事由

組合合同に関する法的規定を欠いているため，債権者・債務者や労働協約締結の一方当事者である使用者など，第三者との関係で包括承継説では説明できない困難な問題が生起している。平成18年民法改正にともない制定された一般法人法では，合併（242条以下）そして包括承継の規定（245条1項，255条）が設けられたが，労組法では合併・包括承継の規定が新設されなかった。学校法人，宗教法人，社会福祉法人などの中間法人では，合併の規定が設けられているのが一般的である。「三重県公立高校職員互助会事件・名古屋高裁判決昭50・3・13判時790号67頁」は，財団法人が法人格なき社団を吸収合併して不動産を承継するかどうかが争われた事案について，法律の規定がないことを理由に合併決議による当然承継を否定した。当然承継を否定するこの司法判断は，合

---

16) 外尾・前掲注5)108頁，西谷・前掲注5)134頁，菅野・前掲注15)635頁。
17) 石井・前掲注14)79頁は，包括承継説をとりながら，労使関係については実質的同一性の有無での処理，第三者関係については「取引法上の問題の処理と同じ原理」での処理としている。萩沢清彦「組合の結成・運営」塚本重頼＝萩沢清彦編『労働法実務全書3 労働組合』（ダイヤモンド社，1971年）95頁，後藤清「労働組合の合併をめぐる諸問題」民商法雑誌54巻3号3頁同旨。
18) 山口浩一郎『労働組合法〔第2版〕』（有斐閣，1996年）69頁は，包括承継説を支持しながら，労働協約は「当事者の消滅により失効する」としている。
19) 日本合同トラック事件・松江地判昭39・6・4労民集15巻3号610頁参照。

併・合同に関する法的規定を欠く法人一般に適用される考え方である。

しかも，組合合同には，手続も大きな課題がある。法務局は，組合合同の法的規定を欠いていることを理由に，労働組合の合同による設立登記および解散登記を受理しない[20]。株式会社の合併では，合併を登記原因として会社解散登記がされて解散会社は清算手続をするまでもなく消滅するが，組合合同は法的規定を欠き，労働組合の合同登記ができないために，解散組合は解散決議に基づく解散登記および清算手続等を行う必要がある。外尾健一教授は，組合合同と区別して，「甲乙両組合が実質的に解散してしまって，しかる後，丙組合を新たに結成し，あるいは乙組合が解散した後，乙組合の組合員であった者が甲組合に加入するという方法がとられた場合には，解散と新組合結成ないし組合加入という手続きに即して処理していけばよい」と述べられている[21]。現在法務局が組合合同の登記を受理しないので，現実には，外尾教授が組合合同とは区別される，解散と新組合結成ないし組合加入の手続をとらざるを得ない現実がある。その場合，「旧組合と新組合との間に関連性がなく，団体としての統一的持続を欠く場合には，旧組合当時の労働協約はその効力を失う。」とする「熊本電鉄事件・最高裁判決昭28・12・4判タ36号39頁」の判旨が適用されることになる。つまり，組合合同に関する法的規定を欠き，組合合同設立登記および解散登記が受理されないので，実務上権利義務の承継に関する包括承継説をとり得ない事態が生じるのである。

(**3**) 権利・義務ごとの承継の考察

組合合同にともなう個々の権利・義務ごとの承継を考察する。

　(a) 不動産の所有権移転登記手続　　組合合同により解散組合が所有して

---

20) 東京法務局商業登記研究会『商業法人登記速報集』第86号昭62・8・18「労働組合の合併（合同又は分裂）については，法律の規定がなく，また，労働組合法施行令第11条で商業登記規則……の合併に関する登記の規定は準用されていませんので，労働組合合併による設立登記及び合併による解散登記は，受理すべきでない」，「解散した○○A労働組合・○○B労働組合・○○C労働組合は，それぞれ解散登記と清算人登記を申請しなければならない」。

21) 外尾健一『労働団体法』（筑摩書房，1975年）107頁。山本吉人「労働組合の組織と運営」総合労働研究所『労働法実務体系8』302頁同旨。

いた不動産を存続組合・新設組合に所有権移転登記手続をする際に，法務局は，「平成☆年☆月☆日組合合同」を登記原因とする不動産の所有権移転登記手続を受理する[22]。法務局は，組合合同による設立登記や解散登記を受理しないのとは異なり，不動産の所有権移転登記手続については受理する対応をしている。組合合同を登記原因とする不動産所有権移転登記について，登録免許税などの税法上の優遇措置を受けることができる[23]。

　(b)　債権の承継　　解散組合が所有する債権について，組合合同に際して多くの場合は回収などして処理することが可能である。解散組合が所有する預貯金について，金融機関が組合合同を理由に存続組合または新設組合名義への名義変更を認めるかは不明であるが，解散組合が預金を払戻して，存続組合などの新規口座に移動する便宜的方法あり問題は生じない。ところが，損害賠償請求債権など債務者が争う争訟性のある債権の承継については，困難な問題が生じている。債務者が，存続組合・新設組合の債権者としての地位を否定する可能性があり，現実にそうした問題が生じている。そのリスクを避けるためには，実務上，民法467条に基づき，解散組合から存続組合・新設組合への指名債権譲渡の対抗措置をとる必要があると考える。

　(c)　債務の承継　　解散組合の債務について，存続組合・新設組合が承継するかどうかについて，従来否定説が有力であった。東京大学労働法研究会『注釈労働組合法』[24]は，「特別の規定がない限り債務の包括承継的処理は認められず，組合の合同にあたり，甲及び乙の組合は，それぞれの債権者との関係で個別的に協定して債務関係の処理をすべき」と述べている。

　ところが，「損保保険ジャパン労働組合事件・東京地裁判決平16・3・24労判883号47頁」は，解散組合の組合書記の退職給付の債務について，「積極・消

---

[22]　昭和45・4・10民事甲第1438号民事局長回答（法務省民事局編『登記関係先例集追加編V』（テイハン，1980年）224頁，『登記先例解説集』34巻10号117頁は，「組合合同（統合）」を登記原因とする不動産の所有権移転登記手続きを認め，登録免許税の優遇措置があるとの記載がある。

[23]　前掲注22)回答の記載内容からすると，法人の合併と同一の優遇があり，登録免許税は1000分の4，不動産取得税は非課税と考えられる。

[24]　東京大学労働法研究会・前掲注12)631頁。

極の財産は，現在存続している組合が承継する」として，存続組合への債務承継を認めた。積極財産を存続組合・新設組合に移転しながら債務を逃れることは，債権者の地位を不当に侵害するものであり法的保護に値せず，債務は存続組合に承継するとの東京地裁判決の結論は支持できる。東京地裁判決は，債務の承継として処理したが，「債務引受け」，「債権者と更改後の債務者との契約」(514条)，「実質的同一性」などの法理論の適用による合理的意思解釈での対処も考えられる。

　(d)　労働協約の承継の可否　　最も問題なのは，労働協約の承継の可否である。組合合同により消滅組合が締結していた労働協約が存続組合・新設組合に承継されるかである。包括承継説に立てば，消滅労働組合の労働協約は存続組合または新設組合に承継される。そして，労働協約が承継されると，多くの場合異なる労働協約が併存してその調整が問題となり，現実にはその調整に多くの困難をともなう[25]。しかし，組合合同及び包括承継について法的規定を欠いており，石井照久教授が指摘されるように[26]，基本的には取引上の問題の処理と考えざるを得ない事態が生じている。特に，二つのケースで問題となる。ケース1は，「企業合併は行われずに組合合同のみが行われて，甲会社と甲消滅組合間の労働協約が，失効せずに甲会社と乙存続組合または丙新設組合間に承継されるか。」である。ケース2は，「企業再編と組合合同が同時に行われて，甲消滅会社と甲消滅組合間の労働協約が，失効せずに乙存続会社と乙存続組合，または，丙新設会社と丙新設組合間に承継されるか。」である。

　契約当事者の地位移転について，民法の通説的見解は，「契約当事者の地位自体を含め包括的に移転させる契約引受は，原則として相手方の承諾が必要」[27]としている。現実に，組合合同に際して，使用者から「消滅した組合との間の

---

25)　山本・前掲注21)305頁。

26)　石井・前掲注14)81頁。

27)　奥田昌道『債権総論〔増補版〕』(悠々社，1992年) 480頁「契約上の地位の移転は，債権者のみならず債務の移転をも含むものであるから，……契約引受においても原則として相手方の承諾（同意）が必要だとされる。」。内田貴『民法Ⅲ〔第3版〕』(東大出版会，2005年) 244頁「AB間の契約におけるBの地位をCに移転する場合，ABC間の合意でなしうる。問題はBC間の合意でできるかであり，契約類型ごとにみていく必要がある。」。

労働協約は,組合が消滅した時点で効力は無くなり,承継は認められない。」として,労働協約の承継を拒否された事案も生じている。

　包括的承継説を批判しながら,「当事者同一説[28]」は,「労使関係のそのままの存続を認めるに必要な『当事者としての同一性』を肯定することができるから,それぞれの労働協約の承継など,労使関係のそのまま承継がそれぞれの組合員との関係につき一般に認めうる。」としている。しかし,組合が合同すると,組合規約,役員,組合員の対象範囲,上部団体,組合の活動方針などが大きく変更になることが多く,使用者からみて『当事者としての同一性』という現実は存在しないのが一般的である。従って,当事者同一説の考え方は,組合合同の現実に照らすと説得性を持ちえない。また,組合合同に際して使用者が労働協約の承継を拒否することは,不当労働行為であるとの説がある[29]。しかし,組合合同・包括承継の法的規定を欠き,使用者に労働協約の承継を認める義務がない以上,使用者の承継拒否を不当労働行為とみなすことには疑問がある。

　結局,労働組合は,組合合同に際して,承継する労働協約の範囲について使用者との団体交渉・協議を通じて解決せざるを得ないことになる[30]。この場合,労働協約の規範的部分と債務的部分とを区別して考える必要がある[31]。労働協約の規範的部分に関して,組合合同により,直ちに労働条件が変更されることにはならない。ケース1では,甲会社と甲消滅組合との労働協約が承継されなくとも,組合合同後も甲消滅組合の組合員の労働条件はそのまま維持されるので,そのことを前提に「甲会社と乙存続組合または丙新設組合」間で調整する協議して解決する以外にあり得ない。ケース2では,会社の合併と労働組合の合同が同時に行われる場合甲会社も甲組合も消滅するので,会社の吸収合併と組合の吸収合同の場合には,「乙存続会社と乙存続組合」間の労働協約が全員に適用されることになる可能性が強く,会社の新設合併と組合の新設合同の場合には,「丙新設会社と丙新設組合」間とが協議して新たな労働協約を締結するこ

---

28)　石井・前掲注14)80頁。
29)　奥川・前掲注6)469頁。
30)　山口・前掲注18)69頁
31)　後藤・前掲注17)269頁。

とで，解決を図らざるを得ないと思われる。

また，組合事務所・組合掲示板の貸与などの便宜供与，団体交渉ルール，争議ルール，ユニオンショップ協定などの労働協約の債務的部分については，組合合同による存続組合・新設組合の組合規約，組合員の規模，組合の活動方針がそれまでとは異なってくる。ケース１では，旧来の債務的部分の協約部分を基調にしながら，「甲会社と乙存続組合または丙新設組合」間で協議して解決を図らざるを得ない。ケース２では，会社の合併と労働組合の合同が同時に行われるので，甲消滅会社と甲消滅組合間の労働協約の効力がなくなり，会社の吸収合併と労働組合の吸収合同の場合「乙存続会社と乙存続組合」間の労働協約が適用される可能性が強くなり，会社の新設合併と労働組合の新設合同の場合「丙新設会社と丙新設組合」間で協議して解決を図らざるを得ないと思われる。

Ⅳ　ま　と　め

企業組織再編にともない労働組合の組織変動が増加しているが，労組法の定めが時代の要請に即応していないために，労働組合の解散，残余財産の処理，および組合合同に関して実務上困難な課題が生じている。

労組法10条の解散規定は強行法規であり，４分の３という解散決議要件を規約では緩和することができないが，規約を適法に改正して解散事由を明記する方法で対処できると考える。

また，法人格を有する労働組合の解散にともなう残余財産処理について，労組法13条の10では①指定方式，②類似目的処分方式，③国庫帰属方式の３つの方式を定めているが，組合員に分配することを認めていない。残余財産を組合員に分配すべきとの組合員の要請も強く，組合員に残余財産を分配する方法が模索されている。法人格を有する労働組合の場合，組合員に分配するには，組合規約を改正して残余財産を帰属させる者を指定する方法と組合解散決議前に組合活動費・活動補助費名目で組合員，支部・分会に配分交付する便宜的方法が考えられる。法人格を有しない労働組合の場合は，労組法10条の３の適用は

なく，組合規約などに基づき解散決議された場合組合財産の総有関係が廃止され，総会決議により組合員に分配できると考える。

さらに，組合合同について，法的な規定を欠いており，権利義務の承継について包括承継説では対処困難な事態が生じており，個々の権利義務ごとに取引上の問題として個別に対処せざるを得ないと考えている。

労働組合の組織変動に関する労組法の規定は不十分であり，時代の要請に即応した適切な法規制により実務上の困難な課題を解決するために，労働組合の解散，残余財産の処理，組合合同などに関して労組法などの改正が図られるべきだと考える。

（とくずみ　けんじ）

企業倒産における関係者の利害調整と労働者

戸 谷 義 治

(琉球大学)

I はじめに

1 問題の所在

　企業において倒産手続きが開始されると，それが清算型のものであれ再建型のものであれ，労働者と使用者の間だけでなく，債権者を中心とする第三者との間でも利害調整が必要になる。しかしながら，我が国においては基本的に倒産者たる使用者・労働者間の利害調整と倒産者・債権者の利害調整とは別個独立のものとして設計されており，全体として調整を行う仕組みが用意されていない。[1]

　労働法は契約関係を基本としつつも，労働組合と使用者という二者関係の中で集団的に利害調整，すなわち労働条件の決定を進めることを予定している。これに対し，倒産法では倒産者に対して債権を有する者に対して公正に弁済することを基本とし，その債権者という狭い意味での利害関係人と倒産者との間で管財人の関与をうけて調整を行い清算や再建を目指すことを基本としている。その点で，両法分野が対象としている利害調整の当事者はすれ違いの状況にある。

2 倒産手続きにおける利害調整

　通常時においては，使用者と労働者との間における利害調整は，労働基準法をはじめとする労働者保護法令に違反しない限りは，団体交渉を中心とした集

---

1) 新谷眞人「倒産法制における労働者代表関与の異議と課題」日本労働法学会誌113号 (2009年) 57頁。

団的な交渉と，それに加えて就業規則の制定・改廃を代表例として労基法に定める過半数組合・過半数代表者に対する意見聴取などによることとされている。

このように，通常時においては，基本的に使用者と労働者という二項対立を前提としていれば十分であるのに対し，倒産手続きに入ると，まず使用者の権限は大きく制限されて管財人が財産管理権限を取得し，さらに利害調整が必要な当事者として債権者が現れてくることとなる。そのため，本来であれば登場人物が増える分，それらの当事者との間でも調整が必要となり得るが，先にも述べたとおりそのような制度設計とはなっていない。

まず，倒産会社と債権者らとの間における利害調整については専ら倒産諸法が規律するところ，再建型倒産の場合，手続きが開始されると，原則として管財人が更生計画や再生計画と言った再建計画を作成し，それを債権者集会で審議した後，これが議決されると裁判所によって認可され，当該計画に沿った再建が進められることとなる。

これに対して，倒産会社，すなわち使用者と労働者との間の利害調整は，通常時から適用されている労働法，特に労働組合法に基づく団体交渉等と平行して，倒産諸法の定める管財人からの情報提供や意見聴取等による部分的な利害調整が用意されている。

しかし，これら手続きは相互にほとんど交錯することなく進められるものであって，その関係は必ずしも明らかではないし，何よりも労働者集団と債権者集団との間では直接的に交渉や調整を行う機会は存在しない。

ただ，倒産手続きにおける利害調整に関する全体的な設計図を示すことができれば最良であるが，本稿においては，労働者が倒産者たる使用者との間で行いうる利害調整のあり方について，労働法上のものと倒産法上のものとに分けて紹介し，それぞれに生じるいくつかの問題について検討することとしたい。

シンポジウム（報告⑤）

Ⅱ　労組法（団体交渉）との関係

1　使用者性の問題

(1)　契約上の地位の承継

それでは，まず団体交渉との関係について検討したい。

契約上，すなわち個別法上，管財人が労働者との関係で使用者に該当するかについては，一定の争いがあるが，破産者村角建設株式会社破産管財人事件が「破産管財人は，破産手続を適正かつ公平に遂行するために，破産者から独立した地位を与えられて，法令上定められた職務の遂行に当たる者であり，破産者が雇用していた労働者との間において，破産宣告前の雇用関係に関し直接の債権債務関係に立つものではなく，破産債権である上記雇用関係に基づく退職手当等の債権に対して配当をする場合も，これを破産手続上の職務の遂行として行うのであるから，このような破産管財人と上記労働者との間に，使用者と労働者との関係に準ずるような特に密接な関係があるということはできない。」と述べるように，管財人は倒産者たる使用者とは別個独立の存在として裁判所から任命され，その権限の範囲内において企業体の清算や再建を行う者である以上，倒産手続きが開始され管財人が選任されることによって労働契約の一方当事者たる使用者の地位が管財人に移転すると考えることは困難であろう[3]。

(2)　管財人の処分権限と団交応諾義務

これに対して管財人の集団法上の使用者性については，池田電器事件が[4]「破産管財人は，労働者との関係では労働契約上の使用者の地位を承継し，労働者の労働条件その他の労働関係上の諸利益の決定に直接に事実上の支配力影響力を及ぼす地位にあるものと解されるから，雇用関係の存否，賃金その他の労働

---

2)　最二小判平23・1・14判時2105号3頁。
3)　契約当事者になるわけではないため厳密な意味で使用者ではないが，特に再建型倒産の場合には管財人が企業の管理運営も行うことになるため使用者と同様の地位を引き継ぐこととなる（塚原英治「企業倒産と労働者の権利」日本労働法学会編『講座21世紀の労働法第4巻　労働契約』（有斐閣，2000年）295頁，297頁）。
4)　徳島地判平元・3・22労判546号56頁。

条件については，破産会社が雇用する労働者によって組織され若しくはこれが加入する労働組合との団体交渉に応ずる義務があるということができる。」とするように，概ねこれを認めることができるものと考えられる。この場合，朝日放送事件で最高裁が「雇用主以外の事業主であっても，雇用主から労働者の派遣を受けて自己の業務に従事させ，その労働者の基本的な労働条件等について，雇用主と部分的とはいえ同視できる程度に現実的かつ具体的に支配，決定することができる地位にある場合には，その限りにおいて，上記事業主は同条の『使用者』に当たる」としていることに沿って考えれば，管財人は雇用主ではなく本来的には使用者ではないのであって，その地位は従来からの使用者たる倒産者に残っているが，財産管理等について権限を持つことになる管財人はその決定しうる範囲において使用者となると考えることもできる。他方で，労務管理を含む財産管理権を持つこととなる管財人は当然に使用者としての立場に立つのであり，ただ倒産手続き等によってなし得る範囲が限定されるためにその範囲については義務的団交事項にあたらなくなるというようにも考えられる。

いずれの考え方をとっても管財人の権限に属するものについては基本的に元の使用者は当該権限を剥奪されることから，直ちに使用者性や団交事項の範囲に大きな変化があるものではないと考えられるが，既に述べたように少なくとも形式的に見て管財人は労働契約上の使用者になるわけではない以上，前者が妥当と思われる。

2 義務的団交事項

(1) 清算型の場合

それでは，管財人は一応労組法上の使用者に該当しうるとして，そこで義務的団交事項となるのはどのようなものなのか。

まず，清算型倒産の場合，管財人は破産者の財産を清算することに向けた職務を行い，その範囲において権限を有する。前掲・池田電器事件判決が上記の

5） 最三小判平7・2・28民集49巻2号559頁，労判668号11頁。

判断に続いて,「しかしながら,破産管財人の権限は破産財団に関するものに限られるのであって,破産会社についての会社設立無効の訴え,株主総会決議取消の訴えなどの法人格の存否や会社組織に関する訴訟においては,被告となりうるのは破産会社であり,これを代表するのは代表取締役ないし清算人であって,破産管財人が被告となり,若しくは被告となる破産会社を代表するのではない。このように,破産会社の法人格の存否及び組織に関する事項については,その管理処分の権限は破産宣告後も破産会社ないしその代表取締役に残されていると解される。」としているとおり,雇用関係について管財人が決定しうる事項については管財人が使用者としての立場で団交に応じる義務が生じるが,破産管財人の管理処分権に属さない事項,すなわち破産財団と関係しない社団法的／組織法的事項については,元々の使用者がなお使用者としての地位を維持することとなる。具体的には,判決が指摘するとおり組織変更等に伴って労働条件等に影響がある部分については倒産者たる使用者が断行に応ずべき地位にあって,管財人には応諾義務はないと考えられる[6]。さらに,一般に使用者において処分可能な事項でなければ義務的団交事項となしえないところ,破産法上3ヶ月分とされる財団債権となる賃金の範囲を6ヶ月にするというような,管財人の裁量では変更し得ない事項は含まれないこととなるものと考えられる。

(2) 再建型の場合

再建型倒産の場合,管財人は財産管理・債務弁済のみならず経営を継続する。そうすると,再建型倒産における管財人もまた労働契約上の使用者になるわけではないものの,本来の雇用主と同視できる程度に労働条件を決定できる地位にある者として,団体交渉に応ずべき使用者になるものと考えられる。

ただし,管財人は全ての部面で通常の使用者と同様に振る舞うことができるわけではなく,財産の処分や譲り受け,借財などのうち裁判所の指定する行為をする場合には裁判所の許可を受けなければ有効にこれらをなしえず,また破産の場合と同様に共益債権等の随時弁済が許される債務以外の弁済等について

---

[6] 情報提供を求める限度では管財人に管理処分権のない事項についても団交を求めうることが指摘される(塚原・前掲注3)301頁)。

は法令によって制約されている。そうすると，そのような事項のうち，法律によって枠づけられている行為については管財人にとって処分可能な事項とはいえないことから義務的団交事項になるとはいえず，また裁判所の許可を要する事項については裁判所に向かって許可を求めるという範囲においてのみ交渉・合意が可能になるものと考えられる。

再建計画との関係については，日本航空整理解雇（運行乗務員）事件控訴審が「更生手続は，管財人による更生計画の遂行として進められ（同法209条），管財人は更生計画に基づいて事業を遂行する義務を負う。このように，更生計画は，単なる予定やプログラムではなく，法律に規定され法律効果を有する拘束的な法定計画である。」とするように，裁判所によって認可されれば管財人を拘束する。しかし，更生計画案作成の段階であれば，その作成は管財人の権限内であるので団交可能といえる。また，計画認可後であっても，更生計画の変更に向けた団交は可能と考えられ，裁判所許可事項と同様に更生計画の変更を求めるという範囲でのみ交渉が可能であると考えられる。

3 労働協約の問題
(1) 再建型の場合

次に，倒産手続き開始前から労働協約が存在する場合の処理について述べたい。

この点について，会社更生法61条は第1項で「双務契約について更生会社及びその相手方が更生手続開始の時において共にまだその履行を完了していないときは，管財人は，契約の解除をし，又は更生会社の債務を履行して相手方の債務の履行を請求することができる。」とした上で，3項で「労働協約には，適用しない。」として，協約は双方未履行契約としては解除し得ない旨を規定している。そのため，協約が存在する場合には，管財人を拘束することになる。

協約の定める事項のうち，賃金額や支払い方法等に関する事項であれば倒産法の定める処理を行うこととなるが，利害調整との関係で問題となるのは，協約に定められる協議条項の対象事項が義務的団交事項に該当しない場合の取扱いがどのようになるかについてである。まず，協約をひとまずは解除し得ない

シンポジウム（報告⑤）

以上，交渉に応じる義務は生じるが情報提供の程度に限られると考えられる。

　それでは，通常時における労働協約解除に関する規定である労組法15条3項によって解除することはできるか。すなわち，会社更生法・民事再生法の規定は協約が倒産法上特別な解除が許される双方未履行契約には入らないことを明らかにしたものか，それとも労組法の規定による協約解除をも規制するかという問題である。

　この点，会社更生に限らず，破産にせよ民事再生にせよ管財人に与えられた双方未履行双務契約に関する選択権の趣旨は，倒産処理のために契約の解除権を管財人に与えることによって通常の契約当事者よりも有利な立場に立たせ，以て円滑な倒産処理の遂行を図ることにあるものと考えられる。そして，そのような特別の解除権は労働協約に対しては，労働関係の継続が予定されていることから，適用しないとしているのであって，いかなる場合であっても企業が倒産すると協約が使用者・管財人側から解除し得なくなるという趣旨であると考えることは妥当ではない。そうすると，管財人の権限と相容れない条項については解除が許容される可能性は十分にあり，また期限の経過や一方当事者による解約（労働組合法15条）のように通常時と同じ態様による協約の終了も考えられる[7]。更にこれについては，東京地労委（日本アイ・ビー・エム〔組合員資格〕）事件が[8]「各合意事項は相互に関連を有し，又はある事項についての一方の譲歩と他の事項についての他方の譲歩により全体の合意が成立するなど，労働協約全体が一体をなすものとして成立するのが通例であるから，一方当事者が自己に不利な一部の条項のみを取り出して解約することは原則として許されないと解すべきである。ただ，その条項の労働協約の中での独立性の程度，その条項が定める事項の性質をも考慮したとき，契約締結後の予期せぬ事情変更によりその条項を維持することができなくなり，又はこれを維持させることが客観的に著しく妥当性を欠くに至っているか否か，その合意解約のための十分な交渉を経たが相手方の同意が得られず，しかも協約全体の解約よりも労使関係上穏

---

7) 塚原・前掲注3) 305頁，伊藤眞「事業再生手続の蹴る解雇の必要性の判断枠組み」東京弁護士会倒産法部編『倒産法改正展望』（商事法務，2012年）2頁，7頁。

8) 東京高判平17・2・24労判892号29頁。

当な手段であるか否かを総合的に考え合わせて，例外的に協約の一部の解約が許される場合があるとするのが相当である。」とするように，会社が倒産し，管財人が対応し得ない事項が生じたときにはその点について解除が許容されるものと考えられる。

(2) 破産の場合

破産の場合については，最終的に破産会社は消滅し，労働関係の継続が基本的に予定されていない。そのため，双方未履行契約として解除可能（破産法53条）とされている。ただ，同条が会社更生法のような適用除外の規定を持たないからといって，管財人が破産手続の開始のみを理由として協約を解除しうると直ちに解することについては批判のあるところである。

Ⅲ　倒産法制独自の意見聴取等

1　意見聴取等の運用について

平成11年の和議法廃止と民事再生法制定，平成14年の会社更生法全面改正，及び平成16年の現行破産法制定（旧破産法廃止）などを経て，現在の倒産法では，以下のように過半数組合や過半数代表者らによる一定の手続き参加を定めている。[9]

○破産の場合
　①破産手続開始決定の通知（32条3項4号）
　②営業譲渡・事業譲渡の許可に関する意見聴取（78条4項）
　③債権者集会期日の通知（136条3項）
○民事再生の場合
　①開始決定前の意見聴取（24条の2）
　②営業譲渡等の許可に関する意見聴取（42条3項）

---

9) 小林譲二「倒産法における労働組合との協議・意見聴取」（「倒産と労働」実務研究会編『詳説倒産と労働』（商事法務，2013年）414頁，池田悠「倒産手続下での労働者代表の関与――現行法の状況と改正に向けた課題」北大法学論集65巻6号（2015年）1頁，新谷・前掲注1）61頁。

シンポジウム（報告⑤）

　③債権者集会期日の通知（115条3項）
　④債権状況報告集会での意見陳述（126条3項）
　⑤再生計画案についての意見聴取（168条）
　⑥再生計画案認可に対する意見陳述（174条3項）　　など
○会社更生の場合
　①開始決定前の意見聴取（22条1項）
　②営業譲渡許可に関する意見聴取（46条3項3号）
　③関係人集会期日の通知（115条3項）
　④財産状況報告関係人集会での意見陳述等（85条3項，4項）
　⑤更生計画案に関する意見聴取
　⑥更生計画の認可・不認可についての意見陳述
　⑦更生計画の認可・不認可決定の通知（199条7項）　　など

　このように団体交渉とは別に，倒産諸法は労働者の利益に鑑み，手続きの各段階において裁判所が過半数組合または過半数代表者から意見を聴取したり，関係人集会等の通知を行うべきことを定めている。殊に，集会期日の通知は，集会への出席・意見表明の権利があることを含むと解されており，一定の意見表明の機会も保障されている。

　なお，意見聴取等は裁判所がなすべきものであるが，実際には裁判所が管財人に依頼し，これを受けた管財人が聴取の上文書で報告することが広く行われているとされる。

2　過半数組合・過半数代表者

（1）　選出手続き

　現行の倒産手続きで意見を聴取されたり通知を受けたりすべき主体は過半数組合又はそれがない場合の過半数代表者であるが，この「過半数」はどのように計算するのかにつき，破産法32条3項では「労働組合等（破産者の使用人その他の従業者の過半数で組織する労働組合）があるときはその労働組合，破産者の使用人その他の従業者の過半数で組織する労働組合がないときは破産者の使用人その他の従業者の過半数を代表する者」とする。これは，労基法が「当該事業

場に，労働者の過半数で組織する労働組合がある場合においては……」(36条) としていることと対比して考えると，過半数の基礎となるのは労基法の場合における事業場単位ではなく，破産者たる会社全体で計算するものといえる。

　ところで，ある組合が過半数組合であるか否かの計算基礎若しくは過半数組合が存在しない場合における過半数代表者の選出母体については，会社更生法46条3項3号が「使用人」としているのに対し，民事再生法24条の2及び破産法32条3項4号は「使用人その他の従業者」と規定している。そうすると，この「その他の従業者」には派遣労働者などのように倒産使用者と雇用契約関係にない者を含むのではないかという疑問が生じる。そもそも使用人という用語は労働法分野ではほとんど使用される事のないものであるが，基本的にここでは雇用契約によって倒産使用者に雇用されていた者と考えられる。そうすると，「その他の従業者」は雇用契約によらないで倒産使用者の事業に何らかの形で従事していた者と考えることも十分にできると言える[10]。しかし，法令上その範囲を確定する規定を欠いていること，範囲（母数）が不明確な中で「過半数」を定めることは不可能であること，ある組合が労基法に沿って考えれば過半数組合であり従来から過半数組合としての役割を果たしてきたにもかかわらず倒産手続きの開始とともにその地位を失うとすることに合理性が無いこと，会社更生法とそれ以外の倒産手続きにおいてこの点について差をつける合理的な理由を見いだせないことなどからすれば，倒産使用者と雇用契約関係にある者に限ると考えられる[11]。

　なお，倒産各法では過半数代表者の選出方法については定められていない。労基法施行規則6条の2に従って選出すべきとの指摘もあるが，必ずしも明らかではない[12]。

---

10)　池田・前掲注9)13頁。
11)　小林・前掲注9)418頁は非正社員である者ほど保護が必要になる場合が少なくないこと，使用従属関係にある労働者を広く解釈し公正な代表による手続きに関与させて会社再建を図るほうが妥当な解決となることなどから委任・請負契約によって役務を提供していた者も使用人に含まれうるとする。
12)　池田・前掲注9)21頁。

(2) 過半数代表者の選出を誰が主導するか

過半数組合が存在しない場合，意見聴取等の義務を負う裁判所や管財人が主導して過半数代表者選出を求める必要があるか。会社更正規則12条1項8号は過半数組合または過半数代表者の氏名を申立書に記載すべきことを定め，実務上は，倒産手続きの申立に際し，適正な選挙が行われていないとしてもひとまずは過半数代表者を申立書に記載するよう裁判所が求めることがあるとも聞くが，倒産手続きは最終的には裁判所が一種の裁判として進行する以上，労働者が自主的に選出しなければ意見聴取等を実施しなくても差し支えないと言わざるを得ない。ただし，適切な手続き運営の観点からは，管財人らが一定の主導的役割を果たすことも求められよう。

3 意見聴取等と団体交渉の関係について

(1) 過半数組合等と管財人との合意

次に，団体交渉との関係について考えると，管財人が過半数組合・過半数代表者と一定の合意をした場合に当該合意はいかなる性格のものと考えるべきか。基本的に，過半数組合も過半数代表者も表現に多少の差はあるものの，意見を表明する事のみが認められており，その意味では本来の意味での「代表」の権限，すなわちそれらの者の行為の効果が従業員全体に及ぶ立場が備わっているわけではない。そうすると，過半数組合が管財人との合意に至ったとしてもそれは書面性などが備わっていれば，協約としての意味があるに過ぎずその効果は当該組合の組合員に限られる。もちろん労組法17条の一般的拘束力が認められる可能性はある。

これに対して，過半数代表者には組合のように他の労働者のために合意をなす基礎が全く存しないため，基本的には合意をなしえないか，合意をしても紳士協定的な意味しか持ち得ないものと考えられる。

(2) 倒産法上の意見聴取等と団交拒否・延期

このように過半数組合及び過半数代表者はその立場において倒産使用者に雇用されていた労働者全体のために合意をなすことはできないと考えられる。また上述のとおり，意見聴取の主体は裁判所であって管財人ではない。そうする

と，労組法に基づく団体交渉と倒産処方に基づく意見聴取等はその効果において重複したり，齟齬を生じたりする恐れは基本的に存しないことになる。そのため，手続き上の負担があるとしても，管財人としては意見聴取等を行う中で一定の交渉を行っていることなどを理由として団体交渉を拒むことは許されず，平行して実施する必要が生ずると考えられる。

このように，倒産法上も一定の手続き参加が認められるものの，団体交渉等との関係は特に考慮されず，別個の手続きとなっている。

4 情報提供義務

ところで，破産法86条は「破産管財人は，破産債権である給料の請求権又は退職手当の請求権を有する者に対し，破産手続に参加するのに必要な情報を提供するよう努めなければならない。」とし，賃金等の問題に限られるものの破産管財人の労働者への情報提供努力義務を定めている。文字通り努力義務であるが，実際にはこの規定に基づいて迅速な情報提供が行われる事例が多々見られるとされる[13]。

また，管財人がこの情報提供を怠った場合には，善管注意義務違反として，労働者は損害賠償を請求できることも考えられる。

Ⅳ 再建計画と利害調整

ここまで見てきたように管財人・労働者間においては一定の交渉・利害調整の方法が存在するものの，これは債権者とはほとんど無関係に行われる。関係人集会に出席し，意見を述べるのみである。

多くの耳目を集めた日本航空事件においては，運航乗務員整理解雇事件で[14]「更生計画の変更手続を経ることなく直ちに人員削減の一部を遂行しないことはできないと言うべきであり，被控訴人が更生計画を上回る利益を計上してい

---

13) 岡伸浩「破産管財人の情報提供努力義務」(「倒産と労働」実務研究会編『詳説倒産と労働』(商事法務，2013年) 100頁)。
14) 東京高判平26・6・5労経速2223号3頁。

ることは，そのこと自体で直ちに更生計画に基づく人員削減の必要性を減殺する理由とはならないのである。」とし，また客室乗務員整理解雇事件では，「被控訴人の管財人がした本件解雇に係る人員削減の実施が，被控訴人の事業を維持更生するという目的にかんがみ，本件更生計画の基礎をなす本件新事業再生計画に照らして，その内容及び時期について合理性が認められるときは，更生会社である被控訴人を存続させ，これを合理的に運営する上でやむを得ないものとして，その人員削減の必要性が認められるというべきである。また，本件会社更生手続きに基づき更生会社の事業の維持更生を図るため不可欠な融資を得るために，その時期に整理解雇に係る人員削減を実施する必要性が認められるとき，又は，債権者らからの同意を得て本件更生計画案を可決させるために，その時期に整理解雇に係る人員削減を実施する必要性が認められるときについても，更生会社である被控訴人を存続させ，これを合理的に運営する上でやむを得ないものとして，その人員削減の必要性が認められるものと解するのが相当である。」「本件更生計画案は，本件新事業再生計画を基礎として，この人員削施策も織り込んで作成され，本件更生計画として可決，認可されたことが認められる。」として，人員整理の必要性を認めている。確かに，更生計画は債権者との関係では利害調整がなされているが，ここまで述べてきたとおり，労働者は債権者集会で意見を述べるのみであって，適切に相互の利害を調整できる体制にあるとはいえない。

その点で，雇用の維持や終了，もしくは労働条件に関わる点について調整のできる方策が必要になると考えられる。

V　おわりに

団代交渉を通じた利害調整のチャンネルは開かれており，また倒産諸法に基づく情報収集が可能である。しかし，この2つのチャンネルだけでも相互に関連は薄く，さらに，他の利害関係人とは調整の可能性すらない。

---

15)　東京高判平26・6・3労経速2221号3頁。

労働法と倒産法とでは主たる対象とする当事者が異なるために生じる問題であるが，倒産手続きの帰趨は労働関係に多大な影響を及ぼし，逆に労働者の対応は殊に再建型倒産についてその帰趨に大きな影響を持っていることは明らかである。

　特に労働者の手続き関与が倒産諸法に規定されるに至った今日においては，過半数組合・過半数代表者のあり方を中心として，労働法と倒産法の隙間を埋める利害調整のあり方を模索していく必要があるものと考えられる。

〔付記〕　本稿は日本学術振興会科学研究費補助金・若手研究(B)「企業倒産事案における解雇規制と裁判所の権限分配に関する比較法的研究」（課題番号26780033）の成果の一部である。

（とや　よしはる）

倒産手続下における不当労働行為救済手続の取扱い
――破産法を中心に――

池　田　　　悠

（北海道大学）

I　問題状況

1　倒産手続の排他性

　バブル経済崩壊後のわが国で見られたように，景気の後退など様々な原因により，使用者は時として容易にその存続を脅かされ得る。そして，経営状況の悪化した使用者では，自主的な再建策が失敗に終わった場合，倒産手続を利用して清算あるいは再建を図ることがある。

　このような使用者の倒産手続においては，使用者の債務を弁済するために必要な資力が不足するため，債権者の個別的な権利行使が制限され，平等で秩序だった権利の実現方法を規定する倒産法上の排他的なルールに従ってのみ権利の実現が可能とされている。これは，労働法によって認められている労働者の権利であっても例外ではない。しかし，不当労働行為の救済手続（以下，単に「救済手続」と記載する）は，労働組合法によって規定された不当労働行為制度に基づく特殊な権利実現手段であり，排他的な倒産手続において問題なく処理されているのか検討する必要がある。

　この点，これまでの労働委員会の実務では，救済手続が労働委員会に係属する途中で使用者の破産手続が開始した場合，破産手続開始と同時に事実上の中断を挟んだ上で，従前の使用者である破産者のほかに，必要に応じて破産管財人を当事者に追加しつつ，破産手続下で手続が続行されてきた[1]。しかし，その

1）　たとえば，内外タイムス事件・東京地労委昭48・2・6命令集49集83頁，福田製作所事件・佐賀地労委昭51・4・12別冊中労時892号17頁など。

ような実務的運用の理論的根拠は,これまで何ら示されていない。

なお,紙幅の制約に鑑みて,以下では,いわゆる清算型倒産手続である破産法を念頭に置きつつ考察を進めるが,同様な議論は,いわゆる再建型倒産手続である民事再生法や会社更生法の場合にも妥当する。[2]

2 原則的な規律

破産法では,債務者または債権者の申立てを受けて裁判所が破産手続の開始を決定する。そして,破産手続開始と同時に破産管財人が選任され,破産財団[3]の管理処分権は破産管財人に専属する(破78条1項)。[4]この破産法では,破産手続開始と同時に,「破産者を当事者とする破産財団に関する訴訟手続は,中断する。」と規定した上で(44条1項),中断された訴訟手続のうち,「破産債権に関しないもの」は直ちに破産管財人が当事者として手続を受継し(44条2項),その他の手続は,債権確定手続(第4章第3節)において,一定の条件の下,破産管財人に受継されるまで再開されることはない(127条1項)。同様に,行政庁に係属する行政手続に対しても,「破産財団に関する事件」は,中断されるという規定が準用されている(46条)。したがって,破産手続開始と同時に破産財団に関する行政手続は中断され,中断される行政手続のうち,「破産債権に関しないもの」は直ちに破産管財人によって受継されることになる(46条・44条2項)。しかしながら,それ以外の中断される行政手続に関しては,受継をめぐって,直接の準用規定が存在しない(46条・127条1項参照)。[5]

---

2) さらに,再建型倒産手続では,倒産手続が終結した場合に原則として使用者が存続することになるため,倒産手続下で更生管財人等を相手方として係属していた救済手続を,使用者が承継するか否かも問題となり得る。この点,実務的には,使用者を被申立人として追加しつつ,従前の被申立人である更生管財人らに対する申立てを取り下げることで,実質的に救済手続を使用者に承継させている(日本航空(更生管財人・不当労働行為)事件・東京都労委決平23・7・5別冊中労時1444号27頁)が,やはり理論的な裏打ちは存在しない。

3) 破産財団とは,破産者(従前の使用者)の財産又は相続財産若しくは信託財産であって,破産手続において破産管財人にその管理および処分をする権利が専属するものとされている(破2条14項)。

4) なお,破産者(従前の使用者)は,破産手続開始と同時に破産財団を構成する財産の管理処分を禁止されるが,直ちに消滅するものではない。

シンポジウム（報告⑥）

　このように，破産手続開始時点で係属する訴訟・行政手続については，破産手続下で大きく2段階のメルクマールを通して取扱いが決定される。すなわち，第1には，破産管財人に専属する財産管理処分権の対象としての「財団」に関係する手続か否か（「財団関係性」），第2には，破産手続を離れた自由な権利行使が許されない「破産債権」に関する手続か否か（「訴求する権利の性質」）による分類）である。そこで，労働関係の訴訟・行政手続（「労働関係事件」）も，破産手続下では，同様の手続的な処理に服することになるが，救済手続は，以下に検討する通り，破産手続上の分類に馴染まない側面を否定しがたい。

II　救済手続の財団関係性

1　労働委員会に係属している場合

　まず，救済手続においては，不当労働行為の是正措置として採られる救済方法が多様で，かつ私法上の権利義務関係を離れて労働委員会が裁量的に決定するものとされている。そして，救済手続の申立てに際しては，「請求する救済の内容」を記載するものとされているものの（労委規32条2項4号），労働委員会による救済方法は，その記載内容に拘束されないものと解されている。

　そのため，法的に言えば，救済手続は，労働委員会が救済命令において救済方法を決定しない限り，いかなる救済方法が命じられるか明らかでないことになる。したがって，救済手続が労働委員会の行政手続段階にとどまる場合，当該手続が財団関係性を有する手続，換言すると，破産手続開始と同時に当然に

---

5) これに対し，2004（平成16）年改正前の旧破産法では，破産宣告と同時に，破産財団に関する訴訟手続が中断されるが（旧民訴214条，2004年改正前民訴125条），「破産財団ニ属スル財産ニ関シ破産宣告ノ当時繋属スル訴訟」（旧破69条1項）は全て，破産管財人において直ちに受継されていた。同時に，「破産財団ニ属スル財産ニ関シ」行政庁に係属する手続も中断されるが（71条2項），中断された行政手続についても，訴訟手続と同様に受継する準用規定が存在した（71条3項・69条）。
6) 破産債権とは，破産者に対し破産手続開始前の原因に基づいて生じた財産上の請求権であって，財団債権に該当しないものとされている（破2条5項）。
7) 菅野和夫『労働法〔第11版〕』（弘文堂，2016年）1067頁。
8) 荒木尚志『労働法〔第2版〕』（有斐閣，2013年）661頁。

中断される手続に該当するか否か判断することは困難である。

2 取消訴訟に至っている場合
(1) 救済命令の財団関係性

(a) ポスト・ノーティス　一方，破産手続開始時点で既に救済命令が発せられ，取消訴訟の段階に至っている場合，当該訴訟手続は救済命令の内容によって財団関係性を判断することができる。そして，労働委員会の救済命令で命じられ得る救済方法は，通常，何らかの意味で財団関係性を有するものである。

しかし，文書交付命令とも呼ばれるいわゆる交付型ポスト・ノーティス[9]は，管財人に専属する財団の管理処分権に関わらないで履行可能なため，財団関係性を有さない救済方法と解される[10]。実際，労働委員会の実務において，交付型ポスト・ノーティスは，従前の使用者である破産者のみを名宛人として決定されており[11]，財団関係性を否定した実務的取扱いが行われている。

(b) 団交命令　また，団交応諾義務の違反に対する救済として命じられる団交命令は，単に交渉に応じることが求められるに過ぎないため，団交命令それ自体は管財人に専属する財産の管理処分権に影響を及ぼすものではない。その結果，団交命令は，問題になる団交事項によって，破産手続開始後も引き続き従前の使用者である破産者が責任を負い得ることになる[12]。

(2) 手続の分離可能性

もっとも，労働委員会の救済命令を受けた取消訴訟において，審理の対象になるのは労働委員会の救済命令それ自体であって，救済方法ごとに訴訟を分離することが可能なものではない。そうすると，財団関係性の有無が明らかな救

---

9) ポスト・ノーティスには，「掲示型」と「交付型」の2種類があると指摘されている（金子宏ほか編『法律学小事典〔第4版補訂版〕』（有斐閣，2008年）1156頁）。

10) これに対し，「掲示型」は，事業場内に掲示する必要がある以上，掲示場所との関係で財団の管理処分権に関わらない義務と言うことはできない。

11) 日の出タクシー（第1）事件・山口地労委昭46・3・19命令集44集205頁，新和工業所事件・大阪地労委昭50・12・25別冊中労時891号341頁，誠光社事件・大阪地労委平7・2・23命令集101集169頁，誠光社（配転）事件・大阪地労委平7・8・4命令集102集367頁。

シンポジウム（報告⑥）

済方法だけ命じられた救済命令の取消訴訟を除くと，救済命令の取消訴訟が係属する段階で使用者の破産手続が開始した場合，財団関係性を二者択一に判断して破産法の分類に当てはめること自体に困難な側面を否定しがたい。

3 破産手続下での取扱い
（1） 労働委員会に係属している場合

そこで，救済手続が係属する使用者について破産手続が開始した場合，当該救済手続がどのように取り扱われるかが問題になる。まず，救済手続が労働委員会に係属している間に使用者の破産手続が開始した場合は，未だ救済命令がなく，当該手続の財団関係性を判断できない以上，破産法所定の財団関係性を有する訴訟・行政手続には含まれないとして，従前の使用者である破産者を相手方にした救済手続が，破産手続開始に関わらず続行されるものと解される。[13]
しかし，破産手続開始時点で救済命令の内容が未決定であったとしても，破産手続開始前の使用者において発生した不当労働行為にかかる責任のうち，財産の管理処分権に関わる責任は，破産手続開始と同時に，財産の管理処分権を承継した管財人に承継されているものと解される。実際，使用者を名宛人とする不当労働行為の救済命令が確定した後に当該使用者が破産手続に入った場合，

---

12) 破産管財人の団交応諾義務に関しては，破産手続の性質上，義務的団交事項になり得ない事項が存在すると解されているほか，処分権限の所在に応じて，管財人と従来の使用者である破産者との間で団交義務の責任が分属すると解されている（池田電器（取消訴訟）事件・最二小判平4・2・14労判614号6頁〔同事件原審・高松高判平3・3・29労判614号14頁，同事件一審・徳島地判平元・3・22労判546号56頁〕，伊藤眞『会社更生法』（有斐閣，2013年）308-309頁，伊藤眞『破産法・民事再生法〔第3版〕』（有斐閣，2014年）398-399頁，笠井正俊「不当労働行為事件と使用者の破産」石川明＝三木浩一編『民事手続法の現代的機能』（信山社，2014年）490頁）。

13) 破産手続の場合には，従来から破産者を相手方とした手続が続行すると解する学説・裁判例も多く見られる（内外タイムス事件・前掲注1）命令，菅野和夫『労働法〔初版〕』（弘文堂，1985年）595頁〔もっとも，同〔第11版〕・前掲注7）書1054頁では態度を明らかにされていない〕，塚本重頼『労働委員会』（日本労働協会，1977年）66頁）。このほか，破産管財人を相手方に追加する必要性を否定した上で，破産管財人だけが団交義務を負うものではないとして，破産者のみに対し団交命令を発した労働委員会決定も存在する（福田製作所事件・前掲注1）命令）。

当該救済命令のうち財産の管理処分権に関わる部分については，名宛人の記載に関わらず，当該救済命令を履行する責任が管財人に承継されるものと解されている[14]。そこで，破産手続開始時点で労働委員会に救済手続が係属する場合には，当事者の追加（労委規32条の2第1項）によって，適宜，財産の管理処分権を有する管財人を手続に追加的に関与させる必要がある。

この点，前述した通り，労働委員会の実務では，救済手続が係属する途中で使用者の破産手続が開始した場合，従前の使用者である破産者を救済手続に残しつつ，必要に応じて破産管財人を当事者に追加し[15]，破産手続下で救済手続を続行している[16]。これは，労働委員会に係属する救済手続をめぐる財団関係性を否定し，破産手続下で破産者を相手方とする救済手続が続行可能と考えなければ，理論的に正当化し得ない取扱いと解される[17]。

(2) 取消訴訟に至っている場合

これに対し，破産手続開始時点で救済手続が取消訴訟の段階に至っている場合には，当該救済命令に規定された救済方法の内容によって2通りに峻別されるものと解される。まず，(i)財団関係性のない救済方法のみで構成された救済命令が取消訴訟の段階に至っている場合には，前述した通り，救済方法ごとに訴訟を分離し得ない以上，財団関係性のない訴訟手続として，従前の使用者である破産者を相手方にした手続が，破産手続開始に関わらず続行されるものと解される。一方，(ii)財団関係性のある救済方法を一部分でも含んだ救済命令が取消訴訟の段階に至っている場合には，財団関係性のある訴訟手続として取り扱われざるを得ない。その結果，破産手続開始と同時に当該訴訟手続は中断され，管財人による受継を待つことになる。もっとも，財団関係性のある救済方

---

14) 笠井・前掲注12)論文503頁以下。
15) 福田製作所事件・前掲注1)命令，内外タイムス事件・前掲注1)命令。
16) 日の出タクシー（第1）事件・前掲注11)命令，日の出タクシー（第2）事件・山口地労委昭46・4・14命令集44集267頁，新和工業所事件・前掲注11)命令，誠光社事件・前掲注11)命令，誠光社（配転）事件・前掲注11)命令，誠光社事件・大阪地判平9・10・29労民集48巻5・6号544頁。
17) 今井功ほか『救済命令等の取消訴訟の処理に関する研究〔改訂版〕』司法研究報告書38輯1号（法曹会，2009年）47-48頁参照。

法とない救済方法が混合した救済命令に関しては，財団関係性のない救済方法についてなお従前の使用者である破産者が救済命令を履行する責任を負うため，中断された手続が管財人によって受継される際に，行政事件訴訟法22条1項に基づく訴訟参加（または，民訴42条・53条1項に基づく補助参加・訴訟告知）によって，一度は当事者から離脱した破産者を再度手続に関与させるという迂遠な手続的処理を必要とすることになる。

4 破産手続における救済手続の続行可能性

ところで，破産手続においては，事業が継続しないことを前提に，破産手続開始決定前に使用者が労働者を全員解雇していることが多い。そこで，破産手続開始決定前に労働者が全員解雇され，事業継続が予定されていない事案においては，破産手続開始時点で救済手続が係属している場合に，費用負担の問題が生じないポスト・ノーティスが求められている救済手続を除いて，申立ての却下事由が生じていると解する見解が存在する。その根拠としては，(イ)破産管財人が従前の使用者たる破産者ではなく，総債権者の利益を代表していることに鑑みると，救済命令の履行に必要な費用を総債権者の財産たる財団において負担する理由がないこと，(ロ)救済手続の目的が将来における正常な労使関係の回復を図ることを目的としていることに鑑みると，救済命令によって回復すべき正常な労使関係がもはや存在しないことが挙げられている[18]。

しかし，前述した通り，救済命令における救済方法は，当該事案の解決に必要な限りで労働委員会が裁量的に決定する事柄であり，そもそも申し立てられている救済方法によって手続を峻別することは許されない。また，(イ)に関しては，救済命令自体が破産手続開始決定後に発せられるものであったとしても，破産手続開始決定以前に生じた不当労働行為にかかる責任は，破産手続開始決定時点で既に（抽象的な意味では）存在するものであり，救済命令により，破産手続開始時点と比較して，総債権者に何らかの新たな負担を課しているものではない。そして，(ロ)に関しては，正常な労使関係の回復という救済手続の目的

---
18) 「倒産と労働」実務研究会編『詳説　倒産と労働』（商事法務，2013年）437-438頁〔今村哲〕。

は，救済方法の選択に際して，労使関係にかかる専門的行政機関である労働委員会の裁量を認めるための根拠であり[19]，破産手続開始決定時点で労働者が全員解雇され，事業の継続が予定されていないことは，労働委員会が救済方法を選択するに際して考慮すべき要素であるものの，救済手続を当然に却下すべき事情とはならないと解される。したがって，破産手続開始決定前に労働者が全員解雇されている場合であっても，当然に申立ての却下事由が生じているとは解されない。

Ⅲ 救済手続における訴求する権利の性質

1 金銭的救済（バック・ペイ）の特殊性

このように，救済手続に関しては，財団関係性に基づく手続関係の分類に馴染んでいない性質を否定しがたい。とはいえ，使用者の破産手続が開始した場合に，中断された手続を管財人に直ちに受継させ，あるいは破産者と並ぶ当事者として管財人を追加して救済手続を続行するには，「訴求する権利の性質」が破産手続下で個別的な権利行使を禁止される破産債権に該当しない必要がある。

もっとも，不当労働行為の救済命令において命じられ得る救済方法は，ほとんどが非金銭的な義務（原職復帰，団交命令，ポスト・ノーティスなど[20]）を使用者に課すものであり，破産債権に該当し得ない性質のものである。ところが，救済命令において，バック・ペイなどの金銭的給付が命じられた場合には，「訴求する権利の性質」として破産債権に該当しないかが問題となり得る[21]。

---

[19] 第二鳩タクシー事件・最大判昭52・2・23民集31巻1号93頁参照。
[20] 東京大学労働法研究会『注釈労働組合法（下）』（有斐閣，1982年）1010頁以下。
[21] バック・ペイ命令は，原職復帰に限らず，広く「組合活動を理由として蒙った多様な経済的不利益を是正するために発せられるもの」である（東京大学労働法研究会・前掲注20)書1011頁）。

2 賃金債権としての取扱いの可否

(1) 従来の解釈

この点、バック・ペイは、未払い賃金と類似した機能を果たしている側面も否定しがたいが、従来、以下の4点において、未払い賃金と全く異なる法的性質を有すると解されてきた。第1に、バック・ペイは、不当労働行為によって当然に発生するものではなく、給付を命じるか否かが労働委員会の裁量に委ねられている。第2に、労働委員会の救済命令が確定しても、専ら行政的な制裁（過料（労組32条後段））[22]によって間接的に履行が強制されるにとどまり、民事執行法上の債務名義に当たるものではない[23]。第3に、労働委員会の救済命令は[24]、私法上の権利義務関係を画定する効力は持たないと解されているため[25]、バック・ペイの決定に当たって、賃金相当額は法的に言えばあくまで「参考」とされているに過ぎず、解雇の無効に伴う未払い賃金の支払いがバック・ペイとして命じられているものではない[26]。そして、第4に、バック・ペイは、労務提供に対する対価ではないため、「賃金」（労基11条）にも該当しない。

そこで、このような未払い賃金との法的性質の相違により、従来、バック・ペイは、民法上の一般先取特権の対象である「雇用関係に基づいて生じた債権」（民306条2号・308条）に該当しないため、民法上の一般先取特権の成立に基づいて、破産手続下で優先的な配当（弁済）を認められる優先的破産債権に[27]

---

22) なお、司法手続を通じて確定した場合に限り、禁固または罰金による刑事罰がある（労組28条）。
23) これに対し、労働委員会の救済命令と同じように、行政委員会が私人間の関係を規律する決定手続であるにも拘らず、収用委員会が行う土地収用に伴う損失補償の採決の場合には、民事執行法上の債務名義とみなす規定が明文で存在する（土収94条10項）。同条は、取消訴訟に移行せず、収用委員会の採決段階で確定した場合を規律するものの、司法手続を通じて採決が確定した場合に債務名義になることも当然念頭に置いた規定と解される。
24) 菅野・前掲注7）書1075頁、塚本・前掲注13）書106頁、園部秀信「株式会社が不当に解雇した労働者の会社破産または更生手続中における救済」鈴木忠一編集代表『松田判事在職四十年記念——会社と訴訟（下）』（有斐閣、1968年）898頁。
25) 菅野・前掲注7）書1075頁、東京大学労働法研究会・前掲注20）書1006頁。
26) 東京大学労働法研究会・前掲注20）書1006頁以下、園部・前掲注24）論文897頁。
27) 優先的破産債権とは、破産財団に属する財産につき一般の先取特権その他一般の優先権がある破産債権とされている（破98条1項）。

該当し得ないと解されてきた。また，労働基準法上の賃金に該当しない以上，バック・ペイは，破産法によって一部が破産手続上の拘束を受けずに随時優先弁済される財団債権として格上げされる「賃金（破産法の条文上は，給料）」(破[28]149条）にも一切該当しないと解されてきた[29]。この点において，倒産手続外から一貫して，バック・ペイを賃金債権と同様に処遇する取扱いが立法・解釈を通じて確立しているアメリカとは，前提が大きく異なっている[30]。

(2) 賃金債権化肯定説

(a) 根　拠　これに対し，最近になって，専ら破産手続を念頭に置いた上で，バック・ペイを賃金債権と同様に（優先的）破産債権ないし財団債権として処遇することを肯定する見解が示されている（いわば，「賃金債権化肯定説」）。その根拠として，論者が挙げるのは，大きく以下の4点に分かれる。

すなわち，①破産手続開始前の不当労働行為に伴うバック・ペイは賃金の遡及払いに相当する救済であって，破産手続開始前の原因に基づいて生じた財産上の請求権に該当すること[31]，②バック・ペイに使用者が応じなければ制裁を科されるので，破産財団の管理処分権を有する破産管財人が金銭支払いに応ずべき地位にあること，③公法上の義務であることは，バック・ペイが破産債権であることを否定する理由にならず，義務者の意思に反しても強制的に実現する可能性があれば破産債権たり得ること，④労働者が使用者から金銭の給付を受ける地位を生み出すバック・ペイについて賃金と同一の取扱いをすることが

---

28) 財団債権とは，破産手続によらないで，破産財団から，随時に，優先して弁済を受けることができる債権とされている（破2条7項）。なお，労働債権に関しては，以下の債権が財団債権として処遇される。
　①破産手続開始後の賃金（148条1項）
　②「破産手続開始前3月間の破産者の使用人の給料の請求権」（149条1項）
　③「退職手当」のうち「退職前3月間の給料の総額（その総額が破産手続開始前3月間の給料の総額より少ない場合にあっては，破産手続開始前3月間の給料の総額）」（149条2項）
29) 今井ほか・前掲注17)書46頁・50頁，園部・前掲注24)論文899頁。
30) 池田悠「再建型倒産手続における労働法規範の適用(2)」法協128巻8号（2011年）2073頁以下・2095頁以下。
31) この点のみを根拠に，バック・ペイを賃金債権として取り扱うことを肯定する見解として，「倒産と労働」実務研究会編・前掲注18)書440頁［今村哲］。

「素直で」，他の救済方法の取扱いと比べても「平仄が合う」ことである[32]。こうして，バック・ペイに関して破産債権としての取扱いを肯定した上で，⑤未払い賃金額の範囲で，賃金と同様に財産分配上の優先権の対象となることも肯定し，結論として労働者の賃金債権と全く同一の取扱いを認めている[33]。

　(b)　賃金債権化肯定説の検討　　しかし，①に関しては，バック・ペイは，原職復帰に限らず，広く「組合活動を理由として蒙った多様な経済的不利益を是正するために発せられるもの」であり[34]，バック・ペイの全てが賃金の遡及払いに相当するとは限らない。また，②に関しても，確定した救済命令の不履行にかかる制裁は，当該救済命令が履行可能であることを前提にして初めて科され得るものであり，救済命令の履行可能性を論じるに当たって，制裁の存在を挙げるのは本末転倒である。そして，③に関しては，従来，破産債権の要件とされてきた強制的な権利の実現可能性とは，強制執行の可能性を意味すると解されているところ[35]，前述した通り，民事執行法上の債務名義に該当しない救済命令には，従来の意味における執行可能性がないように思われる。さらに，残る④に関しても，そもそも賃金債権と性質の異なるバック・ペイを賃金と同一に扱うことが「素直で」，他の救済方法の取扱いと「平仄」の合った解釈とは思われない。

　また，仮にバック・ペイが破産債権に該当することを肯定すると，破産手続開始時点で救済手続が係属する場合，当該手続に管財人を関与させ，あるいは当該手続を管財人に受継させるに当たって解釈上の困難が生じることになる。というのも，まず，破産手続開始時点で労働委員会に救済手続が係属している場合，破産管財人を直ちに救済手続に関与させるには，前述した通り，当該手続が「破産債権」に関しない手続でなければならない。しかし，バック・ペイが破産債権に該当すると，バック・ペイを命じられる可能性のある救済手続は，

---

32)　笠井・前掲注12)論文504-505頁。
33)　笠井・前掲注12)論文505頁。
34)　東京大学労働法研究会・前掲注20)書1011頁。
35)　伊藤・前掲注12)書〔破産法・民事再生法〕260頁，伊藤眞ほか編『条解破産法〔第2版〕』（弘文堂，2014年）34頁。

「破産債権」に関しない手続でなくなるため，当該手続に管財人を関与させることができないことになる。一方，破産手続開始時点でバック・ペイを含む救済命令の取消訴訟が係属している場合には，破産債権であるバック・ペイに関する手続のみを分離して債権確定手続に進む必要が生じるものの，前述した通り，救済命令の取消訴訟は，救済方法ごとに手続を分離し得ない構造となっている。

この点に関し，賃金債権化肯定説は，バック・ペイがあくまで救済命令という行政処分によって形成されるものであり，行政手続ないし行政訴訟と破産手続との「役割分担上適切である」ことから，破産手続開始後も，労働委員会が救済命令において新たにバック・ペイを管財人に対して命じ，あるいはバック・ペイまで含めて管財人に受継させて取消訴訟を続行し得ると解している[36]。しかし，租税債権などのような明文の規定（破134条）もなく，破産債権の処遇に関して，破産法の規定と異なる取扱いを認めることができるのか疑問がある。

(c) 賃金としての優先権の付与　このように，賃金債権化肯定説に関しては，バック・ペイを破産債権として捉える根拠に疑問が大きいものの，仮に破産債権として性質づけられるとしても，⑤バック・ペイについて，賃金債権と同様の財産分配上の優先権を認める根拠はないように思われる。すなわち，優先的破産債権としての処遇に関して言えば，破産手続下での破産債権に対する財産分配上の優先権は，破産手続外の債権相互の優先劣後関係を尊重する趣旨で[37]，民法上の一般先取特権の成立を前提に認められるものである（破98条1項）。したがって，バック・ペイについて民法上の一般先取特権の対象でないことを前提にしながら，破産手続下でのみ優先的処遇の対象に格上げする根拠はないように思われる。

また，財団債権としての処遇に関して言えば，破産法固有の文言解釈として，機能的な類似性を根拠に，一定の範囲で財団債権化が認められている破産法上の「賃金（給料）」概念を拡張し，バック・ペイを含めて「賃金（給料）」として取り扱うことも不可能ではない[38]。しかし，解雇予告手当など，民法上の一般

---

36) 笠井・前掲注12)論文514頁。
37) 伊藤ほか編・前掲注35)書731頁。

シンポジウム（報告⑥）

先取特権の対象になる債権の中にも破産法上の「賃金（給料）」として財団債権化されない労働債権が多数存在する中で，民法上の一般先取特権すら認められていないバック・ペイだけを財団債権化することは，実体的な債権の優先劣後関係を無視する解釈として採れないように思われる。

　　(d)　衡平の原則　　このように，結局のところ，賃金債権化肯定説は，バック・ペイと賃金との機能的な類似性に依拠して同一の取扱いを求める主張を超えるものではないように思われる。たしかに，破産手続においては，指導原理として衡平の原則が働くため[39]，機能的類似性に着目して取扱いのバランスを図ることは，破産手続下での発想としてあり得ないものではない。

　しかし，不当労働行為に対する私法上の救済も否定されていないわが国では[40]，仮にバック・ペイについて破産債権ないし財団債権としての権利行使を認めないとしても，個々の労働者は，解雇無効など私法上の法律関係を理由にした未払い賃金を（優先的）破産債権ないし財団債権として届け出れば足り，労働者にとって負担のない代替的な権利実現の手段が破産手続下でも存在する。それにもかかわらず，あくまでバック・ペイとして破産手続下で権利行使が可能でなければならないと考えるのは，バック・ペイを含む救済命令という特別の救済方法を認めた労働組合法の趣旨を尊重するためと理解するほかない。ところが，このような発想は，破産手続に内在する衡平の要請ではなく，破産手続外に存在する労働組合法の趣旨の尊重といういわば外的な要請であり，明文の規定もなく[41]，賃金と性質の異なるバック・ペイを賃金債権と同一に取り扱うことの正当化根拠になるものではないと思われる。

---

38)　もっとも，従来は，破産法で財団債権化する「賃金（給料）」は，労働基準法11条の「賃金」のみを意味し（伊藤ほか編・前掲注35)書1013頁），バック・ペイはこれに含まれないと解されてきた。

39)　伊藤・前掲注12)書〔破産法・民事再生法〕20頁以下。

40)　菅野・前掲注7)書993頁以下。

41)　この点，租税債権や罰金などは，公法上の請求権であるという特殊性に着目して，破産債権に該当することが明文で規定されているほか（破97条），当該請求権に関する手続の特殊性に鑑みて，通常の破産債権とは異なる取扱いが明文化されている（134条）。

3 倒産手続優先説

こうして，バック・ペイなど救済命令における金銭的救済について，破産債権や賃金としての優先的取扱いを一切否定すると，破産手続下でどのように履行され得るのかが問題になる。この点，理論的に言えば，破産手続下で破産財団を利用した金銭的給付が履行可能なのは，その優先劣後関係も含めて，破産法が予め定めた範囲の「債権」に限られると解し，倒産手続の排他性を尊重することも可能である（いわば，「倒産手続優先説」）。

このように考えると，破産法上の「債権」として位置づけられないバック・ペイは，破産手続との関係で何ら意味を有しないことになる。したがって，破産手続開始時点で労働委員会に救済手続が係属している場合には，救済命令でバック・ペイを命じることはできなくなるか，あるいは命じても無意味になり，破産手続開始時点でバック・ペイを含む救済命令が取消訴訟に至っている場合や既に確定している場合にも，当該バック・ペイを履行させる術はないことになる。しかし，このような理解は，これまで明確に主張されていない。

4 共益債権回避説
(1) 根　　拠

次に，学説では，再建型倒産手続である（旧）会社更生法に限って，不当労働行為の救済命令を履行しない場合に命じられ得る過料や罰金が，「更生会社のために支出すべきやむを得ない費用の請求権」（旧会更208条8号）[42] として随時優先弁済される共益債権になることから[43]，共益債権の発生を防止するために，バック・ペイを含む労働委員会の救済命令に従うことが認められると解するものがある（いわば，「共益債権回避説」）[44]。この見解は，2002（平成14）年改正以前の旧会社更生法に関する議論であるが，同様の手続的規律を採る現行の会社更

---

42) なお，共益債権化の根拠は，業務ないし事業経営に関する費用（民再119条2号，会更127条2号）とする見解も存在する（伊藤・前掲注12)書〔破産法・民事再生法〕853頁注26)。
43) 会社更生法・民事再生法における共益債権は，破産法上の財団債権に相当する概念であり，倒産手続の拘束を受けることなく随時優先弁済される（伊藤・前掲注12)書〔破産法・民事再生法〕859頁）。
44) 園部・前掲注24)論文900頁。

生法（127条7号）および民事再生法（119条7号）を通じた再建型倒産手続一般の解釈として位置づけられる[45]。

一方で，共益債権回避説によると，破産法では，過料や罰金を財団債権として取り扱う規律が存在しないのみならず（旧破47条，破148条1項参照），むしろ過料や罰金は，通常の破産債権よりも配当において劣後する劣後的破産債権として処遇する規定が明文で存在する（旧破46条4号，破99条1項1号・97条5号・6号）。したがって，同学説によると，破産手続の場合には，破産管財人にバック・ペイを履行させる手段は存在しないことになる[46]。

(2) 共益債権回避説の検討

しかし，再建型倒産手続において，救済命令の履行確保手段として課され得る過料や罰金が共益債権になることは，救済命令上の義務が共益債権になることと同義ではない。やはり，倒産手続下で救済命令そのものを履行できる根拠がなければ，救済命令に対する履行確保措置を採ることは救済命令の名宛人に不可能を強いることであって本来許されないはずである。したがって，共益債権回避説のように，救済命令の履行確保手段である過料や罰金が共益債権となることから，救済命令それ自体の履行可能性を肯定するのは本末転倒である。

また，司法手続を通じて確定された救済命令に違反する「行為者」に対しては，禁固刑も科され得る（労組28条）。そのため，共益債権回避説のように，救済命令の履行確保手段を倒産手続下でも適用可能と解する限りは，破産手続においても救済命令の履行が可能と解さなければ，不都合を生じる可能性がある。したがって，再建型倒産手続のみに例外を認める共益債権回避説は，過料や罰金が共益債権になること以外にも根拠を求めない限り[47]，破産手続との関係で理

---

45) その上で，同学説は，救済手続について，再建型倒産手続の場合には，「事業の経営に属する」ことから財産（財団）関係性を有すると解して，更生手続開始と同時にいったん中断することを認めつつ，更生債権（等）に関する手続に該当する余地はないとして，更生管財人によって直ちに受継されると解している（園部・前掲注24)論文900頁・905頁）。したがって，同じ再建型倒産手続であるものの，管財人が必要的に選任されないため，財産関係性が問題にならない民事再生法の場合には，同様に，再生債権に関する事件ではないとして，再生手続開始によって中断されない手続として分類されることになる。
46) さらに，同学説は，救済手続にかかる財団関係性を否定し，破産手続開始と同時に中断するものではないと解している（園部・前掲注24)論文904頁）。

論的な一貫性を欠くように思われる。

5 救済手続優先説

そこで，倒産手続下でバック・ペイが無意味になるという倒産手続優先説の解釈を否定しつつ，共益債権回避説のような解釈も否定する場合には，破産法が明示的に労働組合法の適用を排除あるいは修正していない以上，バック・ペイの履行確保まで含めて，労働組合法が破産手続下でも全面的に適用されるという解釈を採るほかない（いわば，「救済手続優先説」）。これまで，このような解釈は明示的に主張されていないが，従来の学説・裁判例は，ほとんどがこの立場を暗黙の前提として展開してきたように思われる。

この救済手続優先説によると，破産手続下においても，労働委員会の救済命令は，金銭的救済も含めて専ら労働組合法の適用として実現されるため，破産法上の債権として履行されることはない。したがって，救済手続は，金銭的救済が含まれ得るとしても，破産債権に関する事件には該当し得ないことになる。

Ⅳ 検　討

このように，救済手続は，財団関係性と訴求する権利の性質の2段階によって訴訟・行政手続を分類する破産法の判断枠組みに必ずしも適合していない。そんな中で，これまでの一般的な理解は，使用者が破産手続に入った場合にも，

---

47) 実際，同学説の論者も，「事業経営権」の有無を，破産手続と区別する実質的根拠としている（園部・前掲注24)論文906頁）。
48) そこで，以下に述べる救済手続優先説の論者は，再建型倒産手続に限らず，破産手続も含めた倒産手続一般で同様の処理を行うべきとする（今井ほか・前掲注17)書45頁以下）。
49) たとえば，今井ほか・前掲注17)書45頁以下。
50) たとえば，ます美書房破産管財人事件・東京地決昭46・11・25労働委員会関係裁判例集12集530頁は，旧破産法の下で，確定したバック・ペイを含む労働委員会の救済命令について管財人が従わなかった際に，労働組合法32条後段に基づいて過料を科している。また，誠光社事件・前掲注11)判決は，旧破産法の下で救済命令が履行され得ることを前提に，破産者に対して「管理処分権の行使にわたらない救済命令の履行を求めることは」可能と判示している。

シンポジウム（報告⑥）

最終的な救済命令の履行確保まで含めた救済手続の続行を認めてきたものと思われる。これは，バック・ペイのような金銭的救済に関して見ると，破産法上の財産分配ルールとの関係で，明文にない「特別の優先権」を認めているに等しいが，不当労働行為の救済を専門的行政機関である労働委員会の裁量的判断に委ねた労働組合法の趣旨を尊重する解釈として一応説明できる。[51]

　もっとも，債務者財産の平等分配という倒産手続の目的に鑑みると，救済命令について，明文にない特別の優先権まで付与するかのような現在の一般的解釈を正当化することは困難である。そこで，このような解釈に疑問を呈し，バック・ペイを賃金債権と同様に取り扱うことを認める見解も主張されているが，解釈上の困難を克服し切れていないように思われる。

　このような理論的課題の究極的な原因は，救済手続が，私人間の紛争を解決する手続でありながら，専ら公法上の手続とされ，確定した救済命令も含めて，私法的な権利義務関係として一切処理されないところにある。そして，不当労働行為の責任の承継が問題になる場面は，使用者の破産手続だけに限られず，民事再生法や会社更生法による再建型倒産手続でも同様に問題となるほか，事業譲渡や会社分割など，広く使用者の法人格に変動をきたす企業変動の場面において同様に問題となり得る。したがって，使用者の破産手続下における救済手続の取扱いをめぐる理論的課題は，再建型倒産手続や他の企業変動の場面をも見据えつつ，使用者としての公法上の責任の承継という観点から改めて検討すべき課題を示しているものと言える。

　〔付記〕　本稿は，日本学術振興会科学研究費補助金・基盤研究(C)「倒産手続下における労働力調整モデルの適用をめぐる比較法的研究」（課題番号26380075）および基盤研究(B)「労働法の実現手法に関する総合的研究」（課題番号26285015）による成果の一部である。

（いけだ　ひさし）

---

51)　菅野・前掲注7）書950-951頁。

《シンポジウムの記録》
企業変動における労使関係の法的課題

1 総論：会社法原理と労働法原理の調整

鎌田耕一（司会＝東洋大学） 本日のシンポジウム，討論の部分を開始します。

一応，報告者の順番に沿って討議をしていきます。最初に水島会員の報告ですが，質問用紙ということでは私の手元に来ていませんので，もしよろしければフロアから質問をいただければと思います。総論に関わる部分ということです。では，竹内会員。

竹内(奥野)寿（早稲田大学） 水島会員が全体の総論的なご報告をされたと理解しています。同会員のレジュメ２ページ目の「４」で，「企業変動の構成」について，いろいろな現状についてお話をいただきましたが，特に，「(2)」で，会社法制や倒産法制について，労働契約承継法を含めて，会社法制と労働法制の調整がなされていないというご指摘があり，ご報告の中でもそのようなお話があったと思います。また，午後のご報告の中でも，例えば，戸谷会員から，倒産法との調整がなされていないというご指摘がありました。これらに関連して，全体の総論をご担当された水島会員に，会社法原理と労働法原理の調整がなされていないことの具体的な意味についてもう少し教えてもらえればと思いました。

その際，これはもしかしたら水島会員だけに対する質問ではないのかもしれませんけれども，可能でしたら，いただいたご報告全体を通じて，先に述べた調整について，企業変動にかかるどの点が調整されていて，どの点が調整されていないか，全体的に俯瞰した場合にはどのようになっているか，教えていただければと思います。

水島郁子（大阪大学） 私の報告は総論であり，あまり具体的なことは問題にしていません。

今回準備する中で，規制の点でも訴訟の面においても，会社法原理と労働法原理あるいは両規範が，調整ないし統一的に判断されていないと強く感じました。これは，会社法研究者等との議論の中でも感じたことです。

例えば，会社法で仕組みを作っていますけれども，会社法の側では，労働者側の問題や労働法原理を，考えていません。労働契約承継法は労働者保護のために作られたはずですが，本当に労働法原理を踏まえて作られたものかというと，そこにも疑問があります。

他方，個別の裁判例を見ると，企業変動という事象は，さまざまな背景要素の一つとして出てきます。例えば企業変動に伴って整理解雇をしたという場合，企業変動に対する会社法上の評価がなされることなく，

シンポジウムの記録

整理解雇の正当性が，労働法原理，労働法の基準で判断されます。

その辺りで，労働法の場面で会社法原理的な，あるいは規範的なものを考える必要はないのか。あるいは，会社法規制をベースとしているところで，労働法規制について考えなければいけない点があるのではないかというのが，シンポジウム全体の考えです。

質問に完全に答えたものではありませんが，私からの回答は以上です。

2　人事・労務デューデリジェンスと労働法コンプライアンス

鎌田（司会）　ほかに水島報告についての質問はありませんか。それでは，順次進めていって，また，全体のところでご質問いただければと思っています。

次に，木下報告についての質問です。土田会員から，「人事・労務デューデリジェンスに関わる実務と法的意義について」ということで質問をいただいています。土田会員，恐縮ですが，口頭で質問の趣旨を少し述べてください。おられますか。よろしくお願いします。

土田道夫（同志社大学）　木下会員のご報告を非常に興味深く聞きました。レジュメの4ページ，「労使関係の変化」の中に，「計画時に，労働組合の存否，労働協約の存否などを調査して評価」とあります。ここで人事・労務デューデリジェンスについて少し触れられましたけれども，それに関する質問です。

私も最近，デューデリジェンス（買収監査）について勉強する機会がありました。人事・労務デューデリジェンスは，労働組合関係以外にも，被買収企業の隠れた債務（未払い割増賃金等）や労働法令の遵守状況を含めて，被買収企業の企業価値について人事・労務面から監査するものだと認識しています。本来，M&A法上の概念ですけれども，このデューデリジェンスが労働法上どういう意義を持つのかについて，例えば次のようなことが考えられないかと思っています。私が主として念頭に置いているのは，株式取得型のM&Aです。

つまり，企業買収の過程で人事・労務デューデリジェンスが行われて，簿外債務，労災事件の存在などの労働法令違反が発覚するとします。そうすると，株式取得型のM&Aの場合には，買収企業が株主ないし投資家として，買収後も被買収企業に投資を続けることになりますので，被買収企業の側から見れば，デューデリジェンスの結果，明らかになったさまざまな問題点を是正しないと投資を受けられないという意味で，いわば間接的に労働法コンプライアンスを促進する機能を有しているのではないかと考えています。その点について，実務のご経験からどうでしょうか。

また，表明・保証条項というものもあります。これは，人事・労務デューデリジェンスにはどうしても時間上・内容上の限界があるので，買収企業が買収契約上，被買収企業に何らかの表明をさせる。簿外債務がない，労働法令違反がないといった表明をさせて，被買収企業がそれに違反すると

補償責任を負うという契約条項です。

　もちろん，表明・保証条項の当事者は買収企業と被買収企業ですから，労働者は当事者になりませんが，被買収企業が労働法令違反がないという虚偽の表明をすると補償責任を負うという意味で，やはり間接的に労働法令遵守を促進する機能があるのではないかと考えています。そういった点について，実務の経験の立場から何らかの考えがあればお聞かせいただきたいというのが一点です。

　もう一点は，人事・労務デューデリジェンスについても，あるいは表明・保証条項についても，木下会員が実務を進められるうえで特に留意されている点があれば教えてください。

　木下潮音（弁護士）　土田会員の質問の，DDと言われていますが，デューデリジェンスというのは，確かに買収などの実務においては非常に大きなボリュームを持っていて，最近の大規模法律事務所の大きな業務内容になっています。

　比較的短期間に大量の書類や実務を見て，DDの判断を下していくというのが，弁護士の業務量としても力量としてもかなり必要とされているところだということがあって，非常に重要な業務になっています。もちろん，それは，買収企業，被買収企業にとっても当然で，買収の話し合いに入ったところで，お互いに守秘義務を結びます。

　つまり，まだ売ると決めたわけではありませんので，守秘義務の条項の契約を結んで，調査をし，買うことになればその先に進みますが，買わなければそれで終わりということになります。

　土田会員が言われたように，なぜこれをやるのかというと，会社の状況は基本的には，平時の場合は財務諸表とか事業報告書ということで開示されている限度ですが，その開示の内容が果たしてどのような精度を持っているのかを見ることが重要になります。

　例えば，黒字の会社だと思ったけれども，人件費が過少である。土田会員が言われたように残業代の不払いがあるとか，あるいは不随意の予想しない債務の発生の可能性がある。例えば労働災害が隠れている労災補償の多額の債務があるのではないか。最近だと，アスベストの事件がその典型ですけれども，そういうものを調査していくことになります。

　売る側から見れば，なるべく自分の会社を高く買ってほしいわけです。自分の財産，財産といっても有体物の不動産ではなくて，組織としての営業や企業そのものを財産と見て，それを高く買ってほしいわけですから，そこに問題はない，表明されている状況のとおりであることを見たいわけですし，買う側としては，いや，何か隠れているのではないかということで，値段を損しないで買うためにも徹底的な調査をすることになります。

　その中で，土田会員が言われたように，労働法違反，あるいは労働法違反の恐れのある事業運営によって利益を上げている会社から見れば，DDによって，それが明らかにされてしまい，自分の事業の価値が思ったよりもずっと下がっていくということ

が明らかになりますから，企業にとっては間接的に労働法を順守する動機になるのは間違いないところです。

　ちょっと場面が違いますが，最近では，企業が上場しよう，株式を公開しようとする段になると，公開審査の過程で，これと似たようなことが行われます。例えば不払いの残業代があるとか，労使関係において不安定な状況がある，例えば労使の間に対立があることが分かると，審査が進まず，結局上場できません。

　上場できないと，投資家というか，企業家にとっては，自分が起業して育てた会社を現実的に価値に替えて，企業者利益を得る機会がないということになってくるので，これも大きな問題です。私どものような労働法専門の弁護士事務所に対しては，むしろ上場したいという会社のほうから内部を明らかにするので，うちの会社には何も問題がないということの，先ほど言われた表明保証の種になる調査をしてほしいという依頼が来るぐらいですので，確かに労働法のコンプライアンスの動機になっていると思われます。

　ただ，上場はともかく買収にあたっては，違法がないか，何か隠れたものがないかという消極的な面だけでDDが行われるわけではありません。今後，投資をする価値がある，つまり，成長性がある，収益性がある企業かということを見るためには，労使関係の安定とか，キーとなる労働者，キーパーソンがどんな人で，どんな位置付けに居るかを見極めることも重要になります。

　ですから，DDをやった段階では，労働問題について，特に日本の労使関係についてあまり知見のない外資系の弁護士事務所，あるいは，まさに外国人の弁護士が，例えば外国の企業で，海外の親会社同士で日本の企業を海外から見て評価して，「労働組合は複数あるけど，それぞれ安定的である」という意見を出してきて，結局，労働組合との関係がもとで，買収したあとすぐにもう1回売ってしまったという事例もあって，日本的な労使関係の理解などは，DDにおいては非常に重要な意味を持っています。

　キーパーソンについて言うと，企業買収のときに，不動産など，財産として，アセットとして，その企業が欲しい場合と，人的パワーとして企業が欲しい場合とではDDの視点が変わってきますし，契約においても変わってきます。過去に私が見た契約では，「キーとなる労働者が何人以上退職したら，その買収契約は解除できる」という解除条項が入ったことがあります。

　先ほど報告があったように，従業員に異動してもらうわけですが，労働条件の維持や労働者のモチベーションの維持を図りつつ，新しい経営主体に事業が移るときに，重要な労働者が離散しないような方策を付けて企業買収をしていかなくてはいけません。

　それは，売る側も買う側も協力していかなければいけないし，特に売る側にとってみれば，自分が売ろうとしているものの従業員の雇用契約が失われないような配慮というか，努力をしないと売れないというこ

ともあり，単に違法か適法かというコンプライアンス上の問題以上に，企業価値そのものを測るものとして DD は重要になってきています。

もちろん，測れない部分，特に大変なものがありますので，今言ったように，例えば解除条項が入ったり，金銭的な面では表明保証条項が入ったりということもよくあります。今，表明保証条項で問題になるのは，どうしても残業代不払いの問題です。過去2年分の残業代というのはかなりのボリュームになりますので，残業代の不払いがない，あるいは，あっても，売った側の親会社や売った側の資本関係者がそのお金を保証する，もしくは買収代金から返却するというかたちで最終的には処理することになると思います。そういう保証条項が入ることがよくありますし，当然そういうものが入ることが，企業の変動のときの契約の実務になっているという状況になります。

このような DD をするときの注意点ですが，今言ったように，労働法の世界では，通常の契約条項の解釈とは違った意味で解釈されている言葉がたくさんあります。例えば労働協約の協議約款は，見ただけでは，協議すればいいというふうに見えます。それは，すなわち，いわゆる不当労働行為にならないように団体交渉をすればいいようにも読めます。

しかし，本来，協議約款はそういうものではありません。もっと協議を尽くさなければいけませんし，さらに，同意約款ということになると，労働組合の同意がないと，労働条件の変更ができないということになります。

笑い話のようで恐縮ですが，過去に私が相談を受けた所で，DD を担当した事務所から，「この会社の労使関係は非常に円満で，なぜならば，労働協約にはすべて同意約款が入っていて，人事異動から資本の移動まで全部組合の同意を得て行うと書いてある。こういう約款を使用者と組合ができるというのは，そこに信頼関係があるからだ」という意見が書いてあって，「それはお気の毒に」と言ったことがあります。

冗談のようですけれども，DD を行う場合，労使関係，労働法に関する知識は表面的だけのものではなくて，実務に即した知識がないとできないという点では重要だと思っています。

鎌田（司会）　ありがとうございます。土田会員，何か補足的な質問はありますか。

土田（同志社大学）　今言われたように，M&A においては，例えばキーパーソンの確保が非常に重要であり，したがって，キーパーソンを確保できない場合の解除条項を締結するということになれば，これも一種の雇用確保の機能を果たすと思います。そうした点も含めて，私は，人事・労務デューデリジェンスや表明・保証条項は，労働法の領域において一種のコーポーレートガバナンス的な機能を果たすのではないかと考えるわけです。その意味で，労働法と M&A 法のいわば調整点というか，交錯点という認識を持っています。

今，実際に解除条項のことを言われましたけれども，例えば解除条項が発動された例であるとか，あるいはデューデリジェン

スの結果，ディールブレーカーに至った例は，木下会員の経験でありますか。

木下（弁護士） 契約締結にまで至った例ではありませんが，DDを進める過程で，DDを進めるというのは，並行して買収というか，企業変動の交渉をしていますが，使用者と言うよりも資本側と言ったほうがいいかもしれません，経営者同士の間では，一定の買収の合意に結び付きそうなところまで行ったのに，労働組合が強く反対した。あとから見ると，どうも売る側の経営者の一部が，組合が反対していることを利用して売りたくなかったということがあったようです。

ということで，労働組合が徹底的に反対しているから，結局そこでブレークしたという事例は見たことがあります。「組合を説得して，会社の主要な一部事業を分割して，わが社が買うようになるにはどうしたらいいでしょうか」という相談を受けたことがありますから，そういう事例はあったように思います。契約が成立したあとのブレークについては，私自身は知りません。

3　企業組織再編と労働条件の変更

● 企業買収に伴う転籍と退職金

鎌田（司会） ありがとうございました。次の質問は，やはり木下会員にです。木下会員と成田会員の両方にという要望ですが，明治大学大学院の丸山美幸会員，質問を詳しく書かれていますので，よろしくお願いします。

丸山美幸（明治大学大学院） 今日，実際に実例であって，学会で実務のことを聞くのはどうかなと思いましたが，もしよろしければご意見・ご見解を伺いたいと思いました。

当社が5年前，2010年にある会社を買収したときに，労働者の異動については，個別の転籍同意書で当社に来てくれるという人の雇用を維持しました。そのときの条項で，1年間は給与・賞与を変えない，あと，勤務時間については，新しい，当社に従ってもらう，あともう一つ，退職金を引き継ぐ条項で，買った事業会社は，自己都合と会社都合で退職金の乗率が違いましたけど，転籍同意書のときには，それを自己都合乗率での引き継ぎにしました。

最近，そこ出身の労働者が，「それは違うんじゃないか」と言ってきていて，確かお話の中でも，不利益変更なのではないかという説明もあったので，その辺を，両先生はどんなふうにお考えになるのかをお聞かせください。

成田史子（弘前大学） 質問では会社を買収したということですが，この手続きが，会社分割だったのか，それとも，そのほかの手続きだったのかにより，異なります。私の報告では，労働契約承継法に規定される手続きについて検討を行いましたので，買収の方法が会社分割でないのであれば，あくまで転籍の手続きでの同意の問題になると思います。

二点目の質問については実務上の問題になりますので，木下会員から回答をお願いします。

木下（弁護士） 木下です。労働法学

会でこういう話をするのは恐縮ですが，個別の相談でしたからお受けしますという感じの質問です。実は，こういう紛争が起きないようにするのが，先ほど言った買収や企業変動の計画のときに，どういう内容にして，それをどう従業員に説明するかというところに関わってきます。

まず，転籍にあたって1年間は処遇を低下させず，労働時間などは「2」以上の条件を統合しなければいけないので，買収先，移った先に合わせる。これが割と多く見られている転籍のときの上限の作り方です。2年目以降は，1年間の勤務状況など，要するに評価なども入りますので，それ以降は，買収された転籍後の移籍先の制度にのっとって人事評価などをしたうえで，賃金が決まる，処遇が決まるということになります。

そのうえで退職金ですが，この事例では恐らく退職金は転籍時には支払わず，企業間で退職金の原資になるもの，引当金を移動させ，従業員には，それぞれ転籍時に各自の退職金が幾らまで確定していて，その確定した退職金を転籍先が債務として引き受けたことを確認したうえで転籍した事例ですが，間違いないと思います。

このやり方のときに，退職金が自己都合と会社都合で大きく乗率が違う会社だと，当然ながら労働者は，「会社都合で払ってもらえるのではないか。つまり，会社が買収されたとか分割されたという会社の都合で退職金を算定するんだから，会社都合が正しい」という主張になります。

しかし，会社都合が本当に正しいのかという点から言うと，権利というものから考えると，本来いつでも権利者が履行を求められる範囲が権利のはずですから，任意に履行を求められる範囲というのは，実は自己都合退職金の範囲です。引当金も基本的に自己都合退職金の範囲で積むのが普通ですので，企業間で，退職金は自己都合退職金で算定して取引をするのが通常の実務になっています。

労働者には，ここでなぜ自己都合退職金で引き継ぎが行われ，各自の退職金も，転籍時に自己都合退職金で旧会社で確定することになるのかという事実と理由をよく話して，説得して，そのことを了解したうえで，「転籍に同意した」という同意書を普通だと取らなければいけませんが，大抵，話をしてもあまり理解してもらえないところです。

不満はあるけど，仕事があるならいいや，まあ転籍しておこうとなりがちなところで，そこで，こういうふうに転籍して間もなく会社を辞めたくなった。新しい使用者のもとに移ったら，やはり今までと違うということで辞めたくなった労働者から，「あのとき自己都合で同意書に判を押したけれども，あれは間違いだった」，もしくは，「間違い」と言うのがちょっと心苦しいときは，「自己都合と会社都合の二つの制度があったのを，新会社，転籍先では会社都合制度が廃止されたから，その廃止が不利益変更である」という主張が出てくると思います。

答えというわけではありませんが，結論から言えば，「恐らく自己都合退職金で確定して転籍するという同意が，労働法的に

真実の同意であれば、これはあとになって損したなと思い直しても、会社都合退職金を請求できる権利にはならないと考えるのが普通ですので、会社都合退職金はないですよ。自己都合ですよ。それはなぜかといえば、前の会社だって、いつでも辞めたいときに、辞められたときに発生する権利までしかなかったはずですからということで、もう一度説得してください。多分、会社は合意が真意に基づくものであり、有効な合意であることを主張して、勝てると思いますよ」と言いますが、紛争になること自体が望ましくないということになると、ここからどうするかということで、大体、労働審判辺りで解決を図っていこうということになる事案でないかと思います。

もう一つは、「いや、転籍は無効なんだ。だから、自分は元の会社へ戻るんだ」と言われると問題は複雑になってきます。転籍先の労働条件が転籍時に示されたものと違っていて、転籍同意が無効であるとして、転籍の同意を無効とし、結局、転籍の同意には退職の同意も含んでいますから、退職の同意も無効になって元会社に戻ることができるという判例もありますので、そのことも考えなければなりません。

この人が何を要望しているのか。金銭だけの請求ならば、今言ったようなことで、会社側にも理があるし、本人の気持ちも分からないではないというところで解決を図っていくのだと思います。そこが個別労働問題のところです。

先ほどの DD の話とつながりますが、企業間の買収価格を決める、つまり、DDを算定するときに、このように退職金に二つの率があって、会社として準備しているのは自己都合だけれども、今回の企業買収に伴う転籍のときは、労働者が会社都合を主張する可能性が高いし、その場合に会社都合退職金を払うか、もしくは確定しなければ、皆さんが納得して来てくれない。

先ほど言ったように、結局はキーパーソンも来てくれなければ、事業として、労働契約まで含めた一体となる営業が買えないとなると、ここはもちろん企業家との話し合いで、会社都合の退職金をもって確定するという方法もありました。その場合は、当然、価格が安くなったということになると思います。

ただ、1人の労働者が何年か後に文句を言ったからといって、それと表明保証とありましたけれども、それをもって表明保証に反したから、価格を算定し直して、買収会社がお金を返してもらえるかということは多分難しいと思いますので、十分気を付けていただきたいと思います。

● 労働契約承継法2条・4条の強行法規性

鎌田（司会） そのほか木下会員に、木下報告についての質問はありませんか。成田会員に対する質問用紙は私の手元には来ていませんが、フロアのほうから何か質問はありませんか。

竹内（早稲田大学） 確認的にお伺いできればと思います。

質問したいのは、レジュメ3ページ目の「2」から始まる「労働契約関係の多様な移転の可否と労働条件の変更問題」という

項目のうち、4ページ「(2)」の「転籍合意による労働条件の変更問題」についてです。

質問は二つあります。一つは、ご報告では、転籍について触れられています。この点、転籍の法的形式については、いろいろな説があるかもしれませんけれども、基本的に、一つには、労働契約上の地位、あるいは使用者としての地位を移転させる、そして、それに対して労働者が合意をするという、地位の包括的移転と理解し得る方法があると思います。もう一つには、元の使用者との労働契約を解約して、新しい使用者との労働契約を新規に締結する方法があると思います。「転籍」という言葉は、法的には一応、この二つに分類することができると思います。成田会員はレジュメにあるように、「①」、「②」、「③」という三つの説を示して、基本的には「③」の説を支持するとご報告されたと思いますが、それは、転籍のタイプに関わりなく言えることだと理解してよいでしょうか。これが第一の質問です。

もう一つの質問は、私も、基本的に、「③」の説が妥当ではないかと思っていますが、これとの関係で、労働契約承継法の規定のうち、2条と4条については、少なくとも不利益な労働条件変更を伴う転籍との関係では、強行規定と理解してよいのかというものです。

敷衍しますと、労働契約承継法2条及び4条の下では、承継される事業に主として従事している労働者が、労働契約承継法上の手続きに則ったかたちで異議申出をした場合、労働契約関係が労働条件を含めて維持されたまま移転する。言い換えると、労働契約承継法のこれらの規定は、労働条件が維持されたまま、契約関係が移転することを保障していると思われます。そうであるとすると、労働契約承継法所定の方法以外の承継方法、つまり、転籍の方法を通じ、それに伴い労働条件を不利益に変更することへの同意を求め、労働条件の不利益変更に同意できなければ、転籍自体認めない、つまり、労働契約関係は移転させないとすることは、上記保障に反するように思われます。労働契約承継法の先に述べた各規定は、そういうことを認めるものではない、そういう意味で強行規定と理解してよいのかという質問です。

成田（弘前大学） まず第一点目の質問ですが、この報告では、転籍に関して前提としたのは、ご指摘にある二点目の解約型の転籍です。ご質問の趣旨としては、地位の包括的移転と解約型の転籍の両方の場合においても、レジュメ「③」説が該当すると考えるかどうか、ということでしょうか？

竹内（早稲田大学） 質問自体は、成田会員のご報告としては、どちらのものを念頭に置いたかということの確認だけです。ちなみに、補足させていただきますと、私としては、地位の移転の場合についても、地位の移転とともに、地位の移転の際に労働条件の変更を同時に別途申し入れて、それに同意する、つまり、労働条件変更への同意を条件として、転籍自体の効力をも発生させる、させないとする仕組みの場合、解約型のものとパラレルとなると思います。

シンポジウムの記録

そして，そういう仕組みであるならば，解約型と，問題解決は全く同じになるのではないかと思います。成田会員のご報告としては，解約型を念頭に置かれているということで，承知しました。ありがとうございました。

成田（弘前大学） 二点目のご質問である労働契約承継法第2条の情報通知と，第4条の異議申出が強行規定なのかどうかという点に関しては，まずは，解約型転籍合意の手続きにより労働契約を移転するとしても，その他の権利義務の移転を会社分割の手続きで行う限り，労働契約承継法第2条の情報通知は排除できないと解しています。この情報通知において，労働者に対しては，転籍による移転の効果と，労働契約承継法による移転の手続きとその効果を説明する必要があると考えます。つまり，労働契約承継法のルールによると，これまでの労働条件を維持したまま労働契約が移転することと，承継事業の主従事労働者であるにも関わらず承継対象から排除された場合には，異議申出を行うことができる，という説明です。このような情報通知を受けたうえで，転籍による労働契約関係の移転に伴い労働条件が変更される場合に，その効果に不満のある労働者は，労働契約承継法に規定される主従事労働者であるにも関わらず，承継対象から除外されたとして，異議申出を行うことができる，と考えています。

竹内（早稲田大学） 趣旨が理解しにくい質問をしたかと思います。意図としては，例えば労働契約承継法所定の通知自体をしないあるいは異議申出ができることを知らせないままに，転籍のかたちを取り，併せて労働条件の不利益変更を行い，労働者がこれに同意して応じてしまったという場合，承継の効力それ自体が問題となるのか，労働条件の不利益変更の部分だけが問題となるのかはよく分かりませんけれども，そうしたかたちの労働契約関係の承継は，労働条件の変更なく労働契約関係を移転させる仕組みを採用している労働契約承継法を潜脱するものとして，同法に反すると評価されるのではないか。その意味で，2条や4条が強行規定である可能性があるのではないか，というものです。お答えいただいたようなかたちでの強行性があるということについては，お聞きして，そのとおりだと思いました。

実例があるか分かりませんが，恐らく，有利な労働条件変更を示され，労働者がそれに同意して転籍をしたという場合については効力を妨げられないと思われますので，そういう意味では，全面的，両面的な強行性かどうかは分かりませんけれども，少なくとも不利益変更を伴う移転との関係では，強行性はあるのではないかと思います。

木下（弁護士） 会社分割の際の労働契約承継の手続きの強行性のところです。先ほどから言っているように，会社分割法制が開始された当初から，実は，会社分割のときに，労働契約承継によらず，出向や転籍の方法による労働者の異動が行われていましたけれども，その場合でも，「第2条」の通知や「第4条」の異議申立権の告知というか，明示は必ず行われていました

し，そこを削除してというか，そこを飛ばして実務が行われたことはありません。

ですから，異議申立てをすれば，主たる事業に属している人であれば，出向や転籍によらず，承継で移ることができることを前提にしながら，承継で移るよりも出向のほうが有利であるとか，転籍の必要性はここにあって，このほうがいいのではないかということをよく理解と協力をしてもらって，それで実行していくというのが実務です。

個別協議のところは，言ってみれば，各労働者が主たる業務従事者に当たるかどうかの判断に関する協議になりますので，今のような全体の移動の仕方や，それに伴う利益や利害に関する労使間の調整というか，話し合いは，理解と協力の段階で行われているのが通常だと考えています。以上です。

4 企業組織再編に伴う労働組合の組織変動

● 一般法人法制からの示唆

鎌田（司会） これに関連して，あるいは関連しなくても結構ですが，このほかに成田会員に対する質問はありますか。

また，ありましたら，戻っても結構ですので，先に進めます。徳住報告について質問をいただいています。まず，JILPT（労働政策研究・研修機構）の濱口会員から徳住報告への質問をいただいています。濱口会員から詳しく質問をしていただければと思いますが，どうですか。

濱口桂一郎（労働政策研究・研修機構）
徳住会員のお話は，今まであまり聞いたことのないようなお話で，大変勉強になりました。特に昔の労働組合法は一般法人法制がないので，仕方なく民法の公益法人のものを準用しており，合わない服を着ていたので，一般法人法制ができたのだったら，そちらに合わせればいいのに，何も考えずに，議論もしないで，そのまま昔の公益法人みたいなものを残しているのはおかしいのではないかという趣旨で，大変納得しました。

ただ，一点ちょっと気になったのは，最後のところで，「そういうふうに労働組合法を改正すべきじゃないか」と言われたのですが，そうするとこれは国民的議論になります。そのときに，本当に労働組合は一般法人なのだろうか，確かに公益ではないかもしれないけれども，「公益まではいかないけれども，もう少し何かあるのではないか」という声が出てくるのではないかという感じがしました。

ある意味で労働組合は，組合員の自発的な任意的な団体であるとともに，組合員以外に対しても一定の効果を及ぼすような存在でもあるので，これが立法論として出てくると，いろんな議論が湧いてくるのではないか感じたので，その点について徳住会員の意見をあらためて聞きたいという趣旨で質問をしました。

徳住堅治（弁護士） 今回の報告をするにあたり法人の関係をいろいろ調べたところ，法人の設立を定める法律は多数に上ります。恐らく，各法人の趣旨・目的に従

って設立されていますから，各法人ごとに団体規制の在り方を精査しないと，全体的のことは言えないと思います。

私は，労働組合の組織変動を考察するうえで一般法人法との類似点・相違点を指摘し，学ぶべき点は学ぶべきだと考えました。しかし，その一般法人法の通りにしろと言うつもりはありません。

ただ，残余財産の処理については，一般法人法にならって社員総会決議に基づく自由処理を導入すべきだと思います。一般法人法は「社員総会の決議に基づく残余財産の処分」と定めていますが，参考にして良いと思います。

また，濱口会員が指摘されるように，労働組合の法的性格と憲法第28条・労働組合法の関係を踏まえて，労働組合の組織変動の問題を考えていくことは大変重要だと思います。そういう点では，現行の4分の3の解散決議要件を定める労組法第10条について，補充規定説と強行規定説がありますが，現時点ではこの規定は強行法規と考えざるを得ないと思います。

他方，労働組合の民主的手続きを経ての解散決議要件に関して，立法論としては過半数，3分の2，4分の3のどこに線を引くかは別途考えていく必要があります。

現行法の4分の3の解散決議要件が強行法規だとすると，それを回避する便宜的方法を追及することは許されると思います。労組法は，「規約で定めた解散事由の発生」により解散できるとしています。この規定は，ほとんど活用されていないのが現状ですが，この規定を利用して解散する方法を追及すべきだと思います。組合規約を改正し，解散事由として「企業の解散・合併」，「労働組合の合同・分割」，「一定数以下の組合員」などを定めて解散する道を追及することができると思います。「組合員の数が一定数以下になれば解散事由となる」との規定は，今の労組法でも適法であり，規約中に解散事由を定めることをもっと行うべきだと思います。

また，濱口会員の質問メモには，「労働組合には，過半数労働組合等の役割が労基法等で認められていることから，安易な解散を認めるべきではないのではないか」と書かれています。過半数代表制度と企業組織再編とはその法的な関係付けが十分図られているわけではありません。

例えば，会社分割に関する労働契約承継法でも，労働者代表制は，承継会社・設立会社の新しい職場で新たに労働者代表を選出して協定を締結しなさいとしています。そういう点では，労使協定は承継されない扱いになっています。こうした考え方は，企業組織再編法制の全体に共通の考え方になっています。したがって，過半数代表者との関係で労働組合の解散事由の制限の問題を考察することは難しいと思います。

● 残余財産分配のあり方

鎌田（司会）　ありがとうございました。徳住報告に対して，もうお一方から質問をいただいています。弁護士の松﨑会員，詳しく質問をしてください。

松﨑基憲（弁護士）　私は，産業別労働組合のインハウス弁護士で，時々，組合

が解散したときの残余財産の分配についての相談を受けます。やはりOBにも，組合費，闘争資金を案分して返したいという意見が多いです。

ただ，「OBの中でも退職している人については，どこに居るかよく分からない人がいる。時間をかけて調査をすればどこに居るか分かるかもしれない人が居たり，あるいは，中にはもう亡くなっている人が居たり，亡くなりそうな人も居る場合に，どこで線を引くべきか。例えば今生きている人だけに分配するとか，亡くなった人には分配しないとしても，分配することを決定した直後に亡くなった人と直前に亡くなった人との間で，相続人にとって大きな利害対立があるのではないか。捜しても見つからない人については，いつまで頑張って捜し続けるのか」という相談を受けることがあります。

私としては，一定の公告期間をおいて捜して，何段階かに分けて分配していくという方法や，規約であらかじめ，「亡くなった方については，分配しない」という定めを置くという方法を提案したことがありますが，労働組合の中ではなかなか合意に至らない。というか，やはりみんなに返したいという気持ちがあって難しいところがあります。もし何かいい知恵があれば拝借したいと思います。よろしくお願いします。

徳住（弁護士） 私にも，いい知恵はありません。先ほど報告しましたように，組合員ではないOBが組合に対して財産分与請求権があるかというと，ないということで労働法学者はほぼ一致すると思います。

OB組合員に対する分配の可否について組合員にアンケート調査をしてみると，「OBにも分配すべきだ。」という意見が圧倒的に多いのです。そういう点で，組合員の考え方も成熟しているといえます。

私は，今，松﨑会員が指摘された困難を回避するために，分配対象者は会社在籍のOB組合員に限定しました。私は三つか四つの組合でOB組合員にも分配しましたが，いずれも会社在籍のOB組合員に限定しました。組合でアンケート調査をすると，「会社をリタイアしたOBには配る必要はない」という意見が圧倒的多数でした。

問題は，会社在籍のOB組合員のみに分配すると，会社非在籍のOB組合員から，「差別ではないか。」と問題提起されてくる可能性があります。しかし，OB組合員には財産分与請求権がないので，どの範囲で分配するかは，組合の総会決議で決議される以上法的に問題がないと思います。

松﨑会員が努力されている方法は，今後私も実践の中で検討してみたいと思います。

鎌田（司会） 徳住報告に関連して，いかがでしょうか。見たところ組合の関係者がおられるようですが，特にありませんか。組合の立場から，もし何かあれば。

逢見直人（連合） 私も組合解散の相談を受けたこともありますが，残余財産の処分は現存する組合の機関で決定すればよいことですが，組合費というのはそれぞれの歴史を全部背負っているのだから，そのことも十分意識した分配をするようにアドバイスしています。組合旗降納式を行う際に，上部団体に寄付するというのもありま

す。
　OBに財産を分与するというのもあります。現役の組合員としては，自分たちの組合の財産は自分たちでつくったものではなくて，これまでの累々とした組合財産預かっているだけだという意識があるので，現役組合員だけで山分けをすることに対する躊躇があります。
　ただ，OBといっても，既に亡くなっている人も居るし，捜してもなかなか分からないという人が居る場合に，それを上部団体に寄付するのもOKです。労働組合の社会性を考えると，自分たちだけで活動できてきたわけではないので，地域，あるいはNPOなど社会性のある所に，説明のつくように分配すれば，組合員は納得してくれると思います。徳住会員の報告の中には，類似目的処分方式というのも出ておりますが，私は，こういうものを組合に推奨するという立場です。これは個人的な意見かもしれませんけれども，そういう分与の仕方があってもいいのではないかと思っています。

　鎌田（司会）　徳住報告について，このほかに何か質問はありますか。この件について私が何か言うのもおかしいですが，そもそも（労働）組合法改正の経緯の中で，以前は，「組合法第12条」で，民法の規定を，それこそ公益法人に関する規定を丸ごと準用するという規定があっただけで，それが，先ほど来話題になっている一般法人法等の法人関係の規定の整備が行われたときに，準用先がなくなったので，組合法にほぼ準用していた内容がそのまま入っていきました。
　私が以前ちょっと調べたときに不思議に思ったのは，なぜこうなったのか，その立法の経緯がよく分からないことです。過去においても，先ほど来，徳住会員が言われているように，特に財産分与とか解散についてのいろいろな議論がありました。にもかかわらず組合法の改正において，そのまま準用していたものがなくなってしまったために，ほんの少し変わったのもありますが，組合法の中にほぼそれを入れ込んでいます。
　私自身もいろいろ調べましたが，その経過がよく分かりません。もし，先生方の中で，その経緯をご存じの方が居れば，教えてください。要するに，大変重要な規定が相当数加わりました。
　それでは，また元に戻りながら，質問はあとでいただきます。

5　倒産手続下における団体交渉

● 団体交渉の相手方

　山川隆一（司会＝東京大学）　司会を交替します。戸谷会員と池田会員に対しては，質問用紙が出ていませんので，フロアからご質問がありましたら，ぜひよろしくお願いします。逢見会員どうぞ。

　逢見（連合）　戸谷会員の報告に質問です。義務的団交事項の中で，清算型と再建型と分けて説明する中で，再建型については管財人の団交義務のみ言われていますが，再建型の場合は，現に，まだ経営者が残っているし，民事再生・会社更生の申立

代理人が付いています。そこで残っている経営者が団交に応じたとしても，回答する場合には限界があって，管財人から許可をもらわない限り回答はできない決まりがありますが，当事者としては存在しているし，申立代理人とのいろいろな協議を団交としてやることがあります。

そうすると，管財人だけではなくて，当事者との団交事項について，通常の労使関係の場合と倒産手続き・更生に移行した場合の団交にどのような関係があるのか，管財人とはどういう関係を持つのかということを整理する必要があるのではないかと思っています。その点について聞きたいと思います。

戸谷義治（琉球大学） その団交事項は，確かに今言ったように，まず，再建型の場合で民事再生の場合であれば，管財人が付かないほうを一応原則としていますから，そもそも元の使用者からどの部分の権限がいわゆる管財人が取って代わるとか，奪われるかということを考える必要がないことになります。その点については，裁判所からいろいろ制約を受けているとか法律上の制約を受けている事項でない限りは，引き続き使用者として団交に応じなければならないと思います。

会社更生の場合については，管財人の選任が義務的ですから必ず管財人が付くわけですけれど，その場合には経営陣は基本的に元居た経営陣です。基本的に居なくなることを前提にしていますので，管財人との関係で，しかも管財人は経営部分，つまり単に財産を管理して分配することに限らず，その後の手続きはあとにしても，最終的には再建計画を作って経営を継続したうえで再建するなり譲渡してしまうなりということを決める人ですから，報告の中で述べたとおり，基本的にはやはり法律で縛られていることを除けば，義務的に団交に応じなさいとなると思います。

大変申し訳ないのですが，申立代理人に対して，団交を求められるかどうかという点については，私自身も全く考えていませんでした。今回，研究会の話題になることも全くなかったものですから，どういう関係で考えていいか即答しかねるというのが正直なところです。

山川（司会） 逢見会員どうぞ。

逢見（連合） 民事再生で現経営者が居るとしても，その経営者だけと団交してもほとんど回答が得られません。申立代理人と両方並んで団交するか，あるいは経営者は外して申立代理人とだけ話をするということが実務的に行われています。再建型だとそこに働いている従業員の協力がないと再建できないわけですから，そういうことが実際に行われているということは言っておきたいと思います。

● 更生計画策定後の団体交渉

山川（司会） 次に，高橋会員どうぞ。

高橋賢司（立正大学） 戸谷会員の報告との関係で，再建型と清算型で義務的な団交事項を分けて，再建型のほうが少し気になりました。レジュメと報告を聞いた限り，再建型の場合は，更生計画作成段階であれば団交が可能だけれども，その後はど

のように考えているのかが，質問として聞きたいポイントです。まだ時間もありますので，ぜひ，木下会員と徳住会員にもこれとの関係でひとつ教えてもらいたいと思います。

会社更生の段階で更生計画を作成したのち，債権者集会などが開かれて利害関係がある程度調整されたりすると，団体交渉がしにくくなる事情はありますか。この間から，倒産の実務で，団体交渉のしにくいような事情があるのかという疑問が少しあります。倒産の計画案の作成段階であれば，団体交渉可能だと戸谷会員が言っていて，認可後であれば団体交渉可能かというところを検討しています。そうすると，更生計画作成・提示後，裁判所の認可前はどうお考えなのでしょうか。

例えば，JALにそっくりの事件を挙げていますけれども，JALの事件で言えば，認可後に団体交渉をしたとしても，解雇を予告するまでが9日間しかありませんので，「認可後に団体交渉できます」と言われても，ほとんど準備もできず，実のある交渉は難しいだろうと思います。

作成前の段階でも団体交渉をしておかしくないと思います。ただその段階では再生計画自体がどういうものになるかも分からないし，人員削減についてもどこまで言及されるかというのも分かりません。この段階で団体交渉が認められて，結局最初と最後が団体交渉を認められることになったとしても，倒産全体で更生計画が作られた後で，裁判所の認可前は，管財人に団交応諾義務がないというのでは，団体交渉はほとんど実が上がらないということになります。そうするとやはり，最初と最後だけでいいのかということになります。

経営者側の代理人として経験のある木下会員と徳住会員とで見解が異なることもあるかとは思いますが，倒産手続き段階で，特に更生計画を作成したあとの利害調整と団体交渉との関係を少し教えてください。そのあとに戸谷会員から見解を聞きたいと思います。

山川（司会） ただいま徳住会員，木下会員，戸谷会員の3会員にご質問がありましたので，まず，徳住会員と木下会員からお願いします。

徳住（弁護士） JALの更生手続きでは，更生計画の作成段階では労働組合と団体交渉していたことは事実です。問題は，人数削減目標を決定し，会社側が退職募集して目標達成しない場合には一定の整理解雇基準に基づき整理解雇すると一方的に発表したことだと思います。削減目標を達成したかどうか，達成してない場合は整理解雇を回避するためにどのような措置をとるのか，協議する余地は十分あったと思うし，その点の団体交渉が不十分だったのが最終的にはああいう争議になった原因だと思っています。

木下（弁護士） 使用者側の弁護士は，それぞれ専門分野があります。私ども労働法中心の弁護士は倒産事件にあまり関わりません。倒産申立てと申立後の管財人，これは申立側も管財側も弁護士界の俗語で倒産村と言われている先生たちが居て，そこの実態は明確に業務が分かれています。も

ちろん訴訟になったとき、労働訴訟としての意味合いがあれば訴訟代理人として関わることは、労働側の私どものような弁護士にもあります。

その点から言うと、倒産の時を分かれて、いわゆる生きている健全な企業体の労使関係と、倒産あるいは危機時の労使関係は、使用者側の意図としては大きく変わっていくし、やはり倒産時になれば、倒産に関する法律が前に出てきます。そこには裁判所と債権者側、特に今ですとスポンサーになるような、あるいはキーを握るような大口債権者というのが出てきて、そことの利害調整がまず先行してしまうので、このような労使関係は、非常に後退してしまうというのが実態です。

今まで、倒産の危機時については労使の関係としては非常に制限したかたちで交渉が行われていたのが実態だと思います。そういう意味では、日本航空の会社更生での整理解雇事件は非常にレアケースが判断されたと考えています。

そういう内情で申し訳ないのですが、私自身は、倒産関係では倒産前に労使関係が紛争状態だった会社の労使関係をやっていて、倒産を申し立てる代理人の先生と一緒に申立代理人になったことはありますが、その後の手続きは一切触っていませんし団体交渉もしていません。従前、倒産前は団体交渉をやっていましたけれどもその後はやっていませんということで、やはりそれぐらい倒産というのは、労使関係に実務としては影響が大きいと思います。

山川（司会） それでは先ほどの報告に関わって、戸谷会員から何かありますか。

戸谷（琉球大学） はい。もしかすると、私の報告での話し方が多少誤解を与えるのかなという気もします。雑な言い方をすれば、まず管財人が計画を作り、債権者集会に出してそこで決をもらって、最終的に裁判所が認可をするという流れで最終的な計画ができあがります。私が切り分けたのは、団交ができる、時系列的にどこかに溝があるということを言いたいわけではなくて、計画作成は、もちろん他の人もできますが、基本的には純粋に管財人の職務だからです。仮に組合がちゃんと交渉をして日程の合意が得られれば、その管財人は、そんなに大きく拘束されるような合意をするかという問題はひとまずありますが、拘束されている部分が出てきます。

それに対してその次からの手続きになってしまうと、特に裁判所が認可してしまったら、JALの高裁の判決でも指摘をしているように、基本的に管財人はそれに拘束されてしまいます。そうすると仮に管財人が新たに何かを、勘違いしてでも何でもいいのですが、組合との間で計画に明らかに反するような行為をしたとしても、まさにこの判決も言っているとおり、そういう計画を変更するようなことがいきなりできるわけではなく、ひとまずそれを受け入れれば……。

そうすると、団交はできなくなるかというとそうでもありません。また作成段階に戻すようなこと、改めて計画を変更する、その手続きに載せるというところまでは一定の合意は可能だけれども、その先、何か

権利義務を変更するような意味での合意に至るような交渉は，計画がその手続きに載ってしまえば，できないだろうということを言いたかったのです。

確かに認可後に，特にJALの例みたいにすぐに次の解雇手続きに入れば，当然，団体交渉に時間的な余裕がないということはあり得ます。現実的には，一つは組合に頑張ってもらうとしか私には言いようがありませんし，時間的に短いからといって，団交の義務が失われることにはなりません。今の質問との関係では，そういうことと考えています。

山川（司会）　高橋会員から何か補足等はありますか。

高橋（立正大学）　そうすると，計画が策定された段階では，管財人はそれに拘束されるので，団体交渉はそのあとは，いったんは難しいという趣旨ですか。

戸谷（琉球大学）　団体交渉が難しいのではなく，団体交渉をして，外部団体へ移行してもいいけれども，どちらかというと先に計画のほうに拘束されているので，計画の内容を含むような権利義務の変更に向けた交渉は，直ちにできるわけではなくて，その計画を変更する手続きに向けた交渉だけが自主的にできるにすぎなくなってしまうということです。

高橋（立正大学）　その点ですけれども，この高等裁判所の運航乗務員の判断は，すごくリジットに戸谷会員のご見解は捉われています。更生計画が策定されると，管財人は厳格に拘束されると高裁も，戸谷会員は言われるところですが，兼子（一）先生，三ケ月（章）先生，竹下（守夫）先生の書いた『条解会社更生法』（弘文堂）によると，「計画認可前というのは，計画の変更を認めていいということを兼ねていて，認可後も変更手続きは要するけれども，実施時の細部にわたる点であり，計画というのは，目安にすぎないので，管財人を強く拘束するものだと認められないときには，計画の変更は要しない」ということを言っています。

つまり，計画が認可される前はもちろん，後も，変更は必ずしもしなくても更生計画を変える余地はあるということを比較的言われています。それに対して，そういうオーソドックスな，会社更生法の判断とは異なった控訴審のこの判断を前提に，更生計画は非常にリジットなものなので，いったん作られてしまえば交渉は難しいと高裁や戸谷会員が言っている点は，実は，私はなかなか納得できません。会社更生法での利害関係との関係でも，竹下先生たちの見解との関係では，もう少し緩やかに考えられます。

二点目ですけれど，さらに言えば，別の観点も重要で労働法上の観点になりますけれども，債権者との利害関係だけの問題ではなくて，やはりその更生計画ができた段階で，今度は人選基準とか配転・出向とかの問題点は団体交渉していかないといけませんから，この限りでは，管財人の団交応諾義務は，更生計画策定前後を問わず，肯定されるのではと思います。

確固たる考えをきちんと持っているわけではありませんが，そういうふうに少し議

論できる余地はあるのではないかと思いました。

山川（司会） 戸谷会員，ほかに何かありますか。

戸谷（琉球大学） 恐らく本来は，そんなに大きく考え方は違わないような気がします。一つは変更手続きを要しない軽微な度合いがどのくらいかということだけで，数万人規模で大きく人員削減をするかしないかというレベルは，少なくとも軽微ではないように思います。

ですからやはり少なくとも人員調整でJAL の事件ですと，最終的に規模が少し小さくなっていきますから，何人ぐらいだったら軽微と言えるかということまで，本当にそのレベルのものが軽微と言えるのかということまでは，具体的に検討したわけではありませんので分かりません。ただ，原則としては軽微でないものは拘束するという前提ですから，やっぱり認可前であれ認可後であれ，変更の可能性があって，変更に向けた交渉は可能だと思います。ですから私も交渉そのものは否定しません。

もう一つは，私がここで述べた計画との関係は，まさに計画との関係で，計画の内容に書かれてなおかつ労働条件と関係するようなものについて団交し得るかということです。それとは別に，また言ったような人選基準とか，そういった労働条件というか解雇の中身に関わるものについては，団交の申し入れがあれば当然に応諾する義務があると，私としても考えています。

6 再建型手続・事業再生 ADR に関わる諸課題

● 事業再生 ADR の位置付け

山川（司会） 恐らく一般論的な部分の評価と個別事案の評価に相互に関わる問題を含んでいるかと思いますが，高橋会員よろしいですか。ほかに倒産関係で何かご質問はありますか。それでは，明治大学の経営学研究科の松浦さんからご質問が出ています。

松浦洋一郎（明治大学大学院） 経営学研究科ですが ADR のほうに非常に興味を持っています。倒産 ADR・事業再生 ADR の話がもう少し出てくるのかなと思っていたのですが……。

最初の水島会員の話でも採り上げていただきました。ただ，法的な手続きにならないと，倒産手続きにならないということで，今回 ADR は大きくは採り上げられませんでした。民事再生法はそうでもないと思いますが，倒産ということになりますと，風評など企業の息の根を完全に止めてしまうようなところがありますので，極力，金融 ADR 的なもので労働債権はある程度保全できると思います。労働法の延長で考えると，労働者を保護できる道がもっとあるのではないかと考えています。

ADR 自体がちょうど10年で，そろそろ法制ももう少し見直してもっと使いやすいものにしたらどうかという意見も仲裁 ADR 法学会で出ているようです。労働法の分野でも労働者にとってより有利な，そ

ういった倒産の仕組みがもっとできないのかなと思います。

　今回は，もう倒産処理の領域に差し掛かっているような会社がテーマになっていますけれど，もう少し前の段階でうまく事業再生で，労働債権も保全できれば……。先ほども退職金とか退職給付債務，退職年金もある程度税法との関係でこうならざるを得ないという実務の話もいろいろ出てきました。非常に参考になるお話でしたが，山川会員も『労働紛争処理法』を執筆され，非常にADRに精通なさっておられるので，もう少しADR的なところも含めてお話しいただければと思っています。

　山川（司会）　事業再生ADRに関しては水島会員の報告の際に言及がなされましたが，水島会員から何かありますか。

　水島（大阪大学）　場合によっては労働組合も，ただ組合員の利益を追求するのでなく，労使の利益調整や，関係当事者全体の利害調整をする役割が求められてもいいのではないかと思います。合理的な利害調整を考えていく中で，事業再生ADRを活用することは，十分考えられます。

　山川（司会）　徳住会員お願いします。

　徳住（弁護士）　以前は銀行不渡りにより会社倒産の事実は把握することができましたが，最近銀行不渡りの件数も少なくなり，倒産把握が困難になりました。商工ファンドも倒産件数を発表しなくなりました。さらに，統計に出てこない倒産として，事業再生ADRの問題があります。数千億円など多額の債務の企業破綻の事案では，裁判所での民事再生とか会社更生で処理す

るよりも，秘密裏に事業再生ADRで処理されています。裁判所の関与もなく，銀行が主導してある程度自由に企業再生を行うことができるのです。

　その場合，一番問題になるのは，債権をカットした銀行の債権が損金として税法上処理できるかという問題があります。税法上そうした損金処理ができるように改正されたために，秘密裏に事業再生ADR制度が利用されています。

　事業再生ADRの利用件数の統計資料がなくて分かりませんが，倒産が事業再生ADRで相当処理されている事案が相当あるということです。

　山川（司会）　今回の学会報告では，テーマが決まってから，どのような統一テーマないしイメージで諸報告を組み立てようかということを報告者グループ全体で議論しました。そこで出てきたのが，労働法と，会社法や倒産法など他の法分野の原理との調整です。それで報告全体が一貫したものになるのではないかと考えました。

　ADRで賃金債権の実現を図るということについて，水島会員から若干言及がありましたが，特にADRの中でも任意的なものですと，他の法原理との調整というよりも紛争処理制度の中身の問題になるかもしれません。もう一つの視角としては，恐らく賃金債権の実現の仕方，あるいは倒産時の賃金債権の実現をどうしていくかという法律の実現の仕組みないし運用の改善に関わるテーマということになろうかと思います。

　そうした観点から労働法学会としてこの

問題を検討していく価値は多々あると思いますが，今回は他の分野，あるいは法原理との調整という観点でアプローチしましたので，言及した部分はあまり多くなかったと思います。

いずれにしても，徳住会員からもご指摘がありましたが，倒産や事業再生 ADR における賃金債権の取り扱いの実情が明らかになると労働法の研究にあたっては非常に有益ではないかと思います。

松浦さん，何か補足はありますか。

松浦（明治大学大学院） 今回の統一テーマの位置付けが理解できました。また，倒産処理と事業再生 ADR における賃金債権取り扱いの違いの分析が，人事労務管理の研究においても有益ではないかという点でも大変参考になりました。

● 労働協約の解約

山川（司会） それでは，倒産に関する報告について，ほかに何かありますか。池田会員の報告は，特にバックペイに関して賃金債権と同様の取り扱いに疑問を呈するという，かなりコントロバーシャルな話も含んでいたかと思います。もちろん，それには限りませんが，何かありましたらお願いします。

過去に倒産と労働に関しては労働法学会でも取り扱われたことがあります。催促するわけではありませんが，そのときに関われた塚原会員から何かありますか。

塚原英治（青山学院大学） 池田会員の報告の部分については，当時詰めて考えたことがないので，大変勉強になりました。勉強させてもらいたいと思います。

戸谷会員の報告について伺います。一つは，報告の中で，労働協約の解約の問題について，会社更生法や民事再生法で労働協約の解約を制限するという規定が置かれているために，労組法15条3項による解除の可否が論点になるような議論をされたのですが，そういう議論をしている人が今まで居たのかどうかというのがまず根本的な疑問です。

逆に，破産のほうで，「会社更生法等のような条文が置かれていないため，双方未履行だから，解約可能だ」と言われたのですが，ここは議論があるところです。議論のあるところとないところが違うのではないかという気がしました。どういう趣旨でこれを採り上げたのかについて説明をいただければと思います。

山川（司会） それでは，戸谷会員お願いします。

戸谷（琉球大学） 恐らく，再建型倒産で会社更生法にしても民事再生法にしても，労働協約の解約が基本的に禁止されているということについて，さらに労組法で解除し得るかという点について，皆無かどうかは分かりませんが，これまで大きく議論されたことはないと思います。だから，解除し得ないかということはちゃんと考えておく必要があると考えました。

塚原（青山学院大学） 会社更生法等の規定は，旧法の立法関係者が明言していたように，倒産法が認める双務契約の特別な解除権が及ばないことを確認的に規定したものであり，労組法が認めている解約は

できるのが前提となっていると理解しています。これまで議論がなかったのはそのためです。

ですから，制約されるという議論がどこから出てくるのかということを伺いたい。

戸谷（琉球大学） 私としても，適用されると説明したつもりなので，何とも言えません。つまり，条文の構造としては，労働協約は，会社更生法なら会社更生法上，解約の条文は適用されないということなので，解約できるかということについては，説明としては労組法の説明をしておく必要があるから，そのように説明をしたということです。大きくここで見解が分かれ得るというほどに思ったわけではありません。説明をするとすれば，今回私が報告させてもらったような説明で解約ができるという説明になると思いました。

最終的に解約はできるという点では，先生がお考えになっているというか，それが最終的に当然かという点については何とも言えないところですが，結論的にはそのとおりかなと思います。

確かに破産法には規定がないけれど，確かに制約される可能性があるという点についての議論があるということは私も承知していますが，分量的なものもありましたので，この点については，一応破産法上は制約されていないということを紹介したという程度で，それ以上ではありません。

● 事業再生ADRと労働債権

山川（司会） 本日は管財人のご経験のある服部会員がおいでということで，こちらからお願いするのは恐縮ですが，よろしくお願いいたします。

服部明人（弁護士） 先ほど，JALの話が出ていましたので，まず事実関係だけ申し上げておきます。JALの場合に，計画策定についての団交を拒否したという事実は一切ありません。それから，徳住会員も話されたと思いますが，どこかの段階で団交ができない時期があったとか，そういうこともありません。

計画策定自体は，事実経過として平成22年の1月から管財人団でずっと進めていて，最終的な計画の細かいところの最終策定は，8月の末までかかりました。7月8月ぐらいは人事賃金制度の改定をめぐる団体交渉をずっとやっていました。そして，人員削減をめぐる希望退職をその年の春からずっと推進していました。万が一希望退職で人員削減を達成できない場合について整理解雇もあり得るという方針を9月に出してから後は人員削減をめぐる，整理解雇をめぐる団体交渉をずっとやっていました。

ですから，時間的にどこかの段階で団交ができなかった時期は一切ありません。そこの事実関係だけ補足させてもらえばと思って話を伺っていました。

それから，もう一つですが，事業再生ADRについて私の理解で申し上げると，事業再生ADRは金融債権のカットだけで事業の毀損をなるべく回避して，事業会社の速やかな再建を図るというのが趣旨です。取引債権は，もちろん全面的に保護するのが大前提ですから，ましてや労働債権は当然保護するということは大前提だと思いま

す。

　ただ，同じように事業が今までうまくいっていない部分を改善していくという意味では，その労務の問題というのも，当然その事業計画をその中で直していくということはあると思います。そういうかたちで労務問題が事業再生ADRの場合に全く出てこないということはないと思います。

　山川（司会）　それでは，木下会員からお願いします。

　木下（弁護士）　積極的でも消極的でも企業再編が行われるときに，将来に向かった労働条件の変更の話し合いは，先ほどの報告の中でも，「しやすいです」と申し上げました。それは，将来に向かって事業を存続しようとか，新しい事業体のもとでやっていこうというときに労働条件変更についての話し合いをする中では，有利な部分も不利な部分も話し合いをしやすいです。

　ですから，今，服部会員からお話があったように，事業再生ADRは本来労働債権のカットは対象にしていないといっても，そこで言う労働債権のカットというのは，例えば過去に労働をしたことに対する不払い賃金のカットという面であって，将来に向かって労働条件，例えば賃金額とか賞与の考え方を労使で話し合って変えていこうということの一つの大きなきっかけにはなります。

　また，ADRの中で，金融機関からは債権のカットを受けるということになりますので，経営側が自らの責任を示して労使交渉の努力をして，労働者の賃金を下げて経営に対する責任ということで取り組むことはよくあると思います。

　ですから，破産や企業再建をめぐる時間の考え方の中で言う債権というのと，労働問題で言う労働債権というのは，時間軸がちょっとずれている感じがします。皆様方は将来に向かって働いたときの賃金ももちろん労働債権だから，それが悪く変更になるのは不利益変更で，事実上債権カットと同じように感じているかもしれませんが，そこは倒産の場合などは特に厳格に法的に評価されていると思います。

　山川（司会）　では，徳住会員お願いします。

7　管財人の情報開示義務

　徳住（弁護士）　戸谷会員の話の中で，管財人の情報開示義務の話がありましたので，少し補足します。

　私は，弁護士会の倒産専門の弁護士グループと「倒産と労働」というテーマで，研究会を1年以上行いました。倒産専門の弁護士の話によると，情報開示義務は努力義務の規定ですが，この規定が大変機能しているようです。破産法の改正のときに，労働者側は団体交渉義務を破産法の中に明定することを求めましたが，それが入れず，その代わりではありますが，情報開示義務制度が導入されました。

　努力義務規定なので機能しないだろうと思われていましたが，破産管財人は，あの努力義務規定を極めて真摯（しんし）に受け止めています。どういう場合に役立っているかというと，二つあります。一つは残

業代請求に関する残業時間数とか，残業代金額とかの情報と，もう一つはインセンティブ給与の情報です。

会社が破産した場合，時効がかからない２年間分の全従業員の未払い残業代を計算して労働者に情報開示しているそうです。しかも，労働者の請求に基づき開示する規定ではなく，情報開示が管財人の努力義務になっており，労働者から請求がなくとも管財人は開示しているそうです。管財人は，未払残業代があるのに配当しないと努力義務違反になります。それを恐れて，管財人は残業代に関する情報を開示しており，その金額は膨大な金額になるそうです。

現在インセンティブ給与制度のある報酬体系が結構あります。会社が倒産した場合，例えば不動産会社だったら，契約が成立して入金があれば何百万円かの報酬がもらえるとか，一定の売り上げを上げると報酬が出るという場合，破産宣告した後で，その条件成就の有無が明確になる場合が結構あります。こうしたインセンティブに関する情報の開示は結構機能しています。

破産管財人が情報開示義務違反した場合，善管注意義務違反になるかどうか民訴法の先生方は大変深刻に議論されています。情報開示義務違反すると善管注意義務に反するから損害賠償責任を負うとする考え方が，通説的見解になっています。破産管財人の先生は一生懸命やられて，それが結構機能しているという状況です。

破産法の中に情報開示の努力義務規定が設けられても，機能しないと思っていましたが，現実的には結構機能しており，労働法規範と破産法規範の調整は大切だと思っています。

8　バックペイの位置付け

山川（司会）　ほかに倒産関係の報告について，ご質問あるいはコメント等はありますか。では，森戸会員お願いします。

森戸英幸（慶應義塾大学）　池田会員の報告に質問させていただきます。

最後のほうで賃金化説の批判にだいぶ時間を割かれたと思います。確認したいのですが，レジュメで言うと，「3」の「倒産手続優先説」というのと，最後に紹介された「救済手続優先説」というのは，私の理解が不十分かもしれませんが，要するに全然債権ではない，民事上・私法上の債権ではないという出発点は一緒で，ただ行く方向が真逆という理解でいいのか。出発点は一緒なのに何で逆に行くのかについて，池田会員なりの考えを聞かせてください。

また，池田会員としては，何となく「5」の説で動いているという話で終わったと思うのですが，ここは解釈論としてどう対応したらいいのか，もしくは，これは立法論ということなのか，そのお考えがあれば，時間もあるようなので30分ぐらいかけて説明いただければと思います。よろしくお願いします。

山川（司会）　池田会員，お願いします。

池田悠（北海道大学）　まず，最初にご質問いただいた倒産手続優先説と救済手続優先説は，名前も私が勝手に付けただけ

なので，確立した見解があるというわけではありません。先生もご指摘のとおり，倒産手続上の債権としてバックペイなどが位置付けられないという中で，履行が可能だと解するか，不可能だと解するかの違いだということになります。

要するに，金銭的な請求権というのは，倒産手続きが列挙している債権に限られるということで，倒産手続きの排他性を尊重すれば倒産手続優先説で，あとはバックペイに当たるようなものは労働者個人で未払い賃金として届け出て処理してもらう，個別的労働法の世界に全て行くということになるというのに対して，救済手続優先説は，倒産法が労働組合法の適用を排除していない以上は，労働組合法だけの世界でやっていける，つまり金銭的な救済が倒産手続上の債権として書かれていなくても，労働組合法の適用を排除してない以上は，労働組合法に基づいて履行を確保できるという理解かと思います。

ただ，いずれの見解についても明示的に主張している人が居るわけではなく，私なりにこういうふうに分かれるという分類で説明いたしました。

次に，今後の方向性については，申し訳ありませんが検討不十分で，現段階では，こういった問題点があるという指摘にとどまります。ただ，解釈論としては，私は恐らく限界だろうと考えています。

実は，最近，バックペイについて賃金債権としての取扱いを認める賃金債権化肯定説を主張する論文が発表され，労働委員会実務には非常に影響力を及ぼしているそうです。ただ，同論文に書かれている内容を労働法の知見から見ると，インパクトが非常に大きいと申しますか，衝撃が大きい内容でした。そこで，同論文の著者ご本人も，「必ずしも成熟した見解ではない」と自認しながら試験的に主張されているので，今後いろいろ変わっていくとは思われるものの，同論文の主張について誰かがきちんと応答しなければならない，特に（同論文の著者が倒産法などの民事手続法を専門としていることもあって）労働法側から何か応答しなければならないと考えまして，今回，検討を詳細に加えたところです。

そして，同論文の主張（賃金債権化肯定説）に関する私の検討に必ずしも誤りがないということであれば，結局，私のご報告した事項について，理論的な問題のない解釈を採ることはできないことになりますので，最終的には立法で解決せざるを得ないことになろうかと思います。しかし，立法で解決する場合，そもそもバックペイとは何なのかというところからしっかり詰めて議論をしなければならないことになりますので，その場合には，倒産手続外の通常の労働法の世界にもその議論が跳ね返ってくることになります。

そういった意味で，私がご報告した事項は非常に大きな問題を抱えています。したがって，倒産状況などめったに起きない事態だから検討を詰める必要はないというのであれば，それで差支えないような印象もございます。これに対し，倒産手続下でバックペイを履行できる，あるいはできないといった話が出てくる可能性があるという

シンポジウムの記録

問題を正面から受け止めて考えるのであれば，倒産手続外におけるバックペイの法的性質決定なども含めて見直しが必要とされます。ただ，これはあくまで立法論としての問題だということになろうかと思う，ということでご報告させていただきました。

山川（司会）　この問題は，これまでの労働法学の中では，バックペイについては，むしろ賃金債権ではないというか，賃金債権から見て独自の性格を持っているということをむしろ強調してきたところがありますが，それは倒産法の世界に入ると，その反作用ないしコインの裏面が出てきているということではないかと思います。

ほかに質問はありますか。それでは，土田会員お願いします。

9　企業変動・労使関係とコーポレートガバナンス論

土田（同志社大学）　今日のシンポジウム全体に関わる質問をします。したがって，主として水島会員にお答えいただくことになると思いますが，ほかの方でも結構ですし，司会の方でも結構です。

もう少し聞きたいと思うのは，企業変動の動きや労使関係の変化に伴うコーポレートガバナンス論を労働法の観点からどう展開していくのかということです。

というのは，水島会員のレジュメの1ページの「1―(1)企業変動の背景」に，「アメリカ型のコーポレートガバナンスの影響」という記述があります。そして，2ページの「3―(2)労使と株主の関係」。この箇所については，実定法で言えば，会社法の制定によってコーポレートガバナンスが相当大きく変化したという点があると思います。

「3―(2)」で指摘されているコーポレートガバナンスの変化は，私も基本的にこういう変化だろうと思いますが，ここで引用されている宍戸（善一）教授の研究は，いわゆるステークホルダーズモデル（多元主義モデル）を採用したものだと思います。ところが，会社法学の主流は，ステークホルダーズモデルではなくて，株主利益最大化原則を支持するものと認識しています。その意味では，宍戸教授のステークホルダーズモデルは少数説だと思います。

そうなると，「4―(2)会社法と労働法の原理の調整」，あるいは，先ほど山川会員も原理の調整と言われましたが，私が考えるところでは，会社法学の主流は，労働法との調整は考えていないと思います。むしろ，会社法の原理は株主利益最大化原則であって，その点で労働法との調整の余地はない。しかしながら，ここが大切ですが，多くの研究者は，株主利益最大化原則は，あくまで会社法の基本原理であって，それに優先する法原理があれば，株主利益最大化原則は後退するということを明確に認識されていると思います。例えば，落合（誠一）教授や江頭（憲治郎）教授がそういう立場です。そうなると，会社法と労働法の原理の調整というよりは，会社法との関係に限って言えば，むしろ会社法原理に対抗し得る労働法原理は何かということを追求すべきではないかと思います。

「4―(2)」の所で，「労働契約継承法を含め，会社法原理と労働法原理の調整はなされていない」と書かれていますけれども，むしろ，不十分ながら唯一調整されたのが会社分割法制と労働契約承継法ではないかと思います。むしろ，それを除く基本体系のところで調整されていない。ですから，会社法が明確に株主利益最大化原則を採用している以上は，それに対抗するコーポレートガバナンス論を労働法の側からどう展開していくかということが，企業変動における労使関係の法的課題，労働法の課題となるのではないかと考えていて，その辺りを少しお聞きしたいと思います。

こうした法原理の対抗論を解釈論でぎりぎりどう展開できるかというと，先ほど質問した人事・労務デューデリジェンス論を深めていけば，ある意味，労働法の側からコーポレートガバナンスの対抗軸を構築することはできます。できますけれど，それは会社法の原理に対抗できるような大きな議論ではありません。そうだとすると，そういう大きな制度論や政策論をどう考えていくのか。

労働法学の側からのコーポレートガバナンス論としては，荒木（尚志）会員が以前，非常に優れた比較法研究を公表されましたし，今会場におられるかどうか分かりませんが，石田（眞）会員や毛塚（勝利）会員が活発に議論されました。あるいは，民主党政権の時にドイツの共同決定法をモデルにした従業員監査役のような政策論も提案されたと記憶しています。

このように，会社法と労働法の原理の調整というよりは，労働法の側からコーポレートガバナンス論をどう展開して会社法原理と対峙していくかということが，企業変動および労使関係の変化に伴う労働法の重要課題ではないかと私は考えています。その辺りについて，もしお考えがあれば聞かせてください。

山川（司会） かなり根本的な問題ですが，水島会員お願いします。

水島（大阪大学） 土田会員が言われることは，非常によく理解できますし，そうした切り口が必要であることは承知しています。

土田会員が言われたように，会社法の主流は労働法との調整を考えていないというのは，まさにそうだと思います。調整を考えていないところで，対抗ではなく，まず何とか調整のほうに行けないのか，と考えました。それは，企業変動法制にかかる改正にせよ，労働組合法の改正にせよ，ほかの法律が改正される，変化している中で，労働法が本当にきちんと対応してきたのかという疑問からです。

ですから，対抗という観点には行かず，調整を考えることとし，そのためにはステークホルダーズモデルが適切であると考えました。

木下（弁護士） 今の土田会員の話は大変に興味深いというか，私どもからすると必要な視点だと思っています。会社法は，まず資本がベースにあって，その資本の出し手というか資本の中心は株主ですので，株主の価値最大ということで株主を中心に考えているようですが，現在の会社運営に

おいて株主の価値を最大化するのは資本だけではありません。例えば、環境や労働や人権に対する取り組みはCSRと言われていますが、CSRに取り組む、つまり株主だけを価値を最大化するのではなくて、さまざまなステークホルダーに対する対応を適切に行っている企業のほうが、実は長期的には収益性も高く価値も高いというのは、現在では統計的に立証されていると言われています。

そういう中では労使関係は非常に重要で、先ほどDDの中で、ただお金が払われているとか、労働法が守られているという視点以上に労使関係の安定とか、キーとなる従業員の考え方とか、企業への定着なども見ると申し上げたように、そこにあるのは、お金では計れない価値についても企業はそれを見極めて再編の中で評価をしていこうとしています。

もちろん、再編の場面だけではなく、定常的な企業運営においても人権や労使関係の問題というのは非常に重要視されていますので、その意味では、今までの労働法と違う視点で企業の活動と従業員の関係を規制するというのではなくて、評価するとか、その価値を見いだしていくような法制というのはこれからも必要だと思いますし、できていくべきだと思います。

企業変動のときは、それが買い主とか、統合相手とか、他人から評価されるという意味では、企業にとっては企業価値の考え方についての緊張感が高まるところだと思います。

山川（司会） 司会としては発言すべきかどうか分かりませんが、私も木下会員と同じような感じを抱いていました。

「対抗」と「調整」という言葉の違いについては、報告者グループ間でも深く意識して「調整」という言葉を使っていたわけではなかったように思います。

それにしても、対抗ということを考えますと、労働法の概念にも関わってくるのではないか。会社法原理などいろいろな法原理について、労働法で対応する場合、労働法原理を超えるものが必要になってくると、それは果たして労働法と言えるのだろうかという問題が出てきます。例えば、監査役会への従業員の参加は、これまで労働法の問題とは思われていなかったかもしれませんが、労働法の問題となるかもしれないということがあります。このように、労働法というものをどう位置付けるかに関わってくる、非常に大きい問題だと思います。

個人的には、それが労働法であろうが何であろうがあまり関係ないといいますか、中身しだいということで、労働法という名称にこだわる必要はないと思いますが、現実の立法については、その辺が非常に大きな要素を占めていますので、考えざるを得ないところかなと思います。

土田会員、何かありましたらお願いします。

土田（同志社大学） 今、木下会員が言われたことは、よく承知しています。企業には実際に多様なステークホルダーがおり、また、主要なステークホルダーである従業員の価値をどう保ち、高めていくか、良好な労使関係をどう構築していくかが企

業価値の評価にとって極めて重要だということは，もちろん認識しています。

問題は，そういう社会的実体としてのステークホルダーズモデルをどう法制度化するか。あるいは，制度化しないのか。制度化するのがベターなのか，しないほうがいいのか，あるいは，もし制度化するとすれば，どういう制度があり得るかを探求することが重要ではないかということを申し上げています。

今，山川会員が言われた監査役制度のほかにも，労働法プロパーでは，労使協議制あるいは従業員代表制についても議論がありました。これは，まさに会社法あるいは監査役制度とは別のレベルで，労働法学の側からステークホルダーズモデルを制度化していくことに関する政策論だと思います。

繰り返しになりますが，企業変動がこれだけ活発化して，株主のポジションが強くなってきたときに，そうした状況に対して労働法の側からどういうアプローチができるのか，それをどうコーポレートガバナンス論に高めていくかということは，労働法学会として取り組むべきことだと考えています。言い換えれば，いわば実際上機能しているステークホルダーズモデルをどう法制度化していくかということについて，今後さらに取り組む必要があるというのが私の考えです。

10　立法論上の課題

山川（司会）　非常に議論が根本的なところで盛り上がってきましたが，フロアから何かありますか。野川（忍）会員お願いします。

野川忍（明治大学）　水島会員の最初の報告にもありましたように，97回大会，101回大会，116回大会と，何度か企業変動の個別のテーマ，あるいは，大きなテーマをめぐって検討がなされてきて，今回もなされているわけですが，やはりそれはつなげていかなければいけないと思います。

その点で，先ほどの土田会員の質問にも私はかなり同感するところがあるのですが，関連して聞きたいのは，今日の皆さんの報告自体は，水島会員が最初に言われたように，これからどのように政策的に対応していくかとか，制度をどう変更していくかではなくて，現在，非常に幅広く多様に生じている企業変動の諸局面において，労働関係のどのような法的な課題が生じているのか，それをきちんと抽出して，その問題性を明らかにするということだろうと思います。

さりながら，最後のほうで池田会員も言われたように，バックペイの問題など既に解釈論では解決がつかないだろうということが明らかになりつつある課題も多いわけです。そこで，今後もし同じような企業変動をめぐる労働法制との調整，あるいは，対抗軸の形成といった課題を検討する学会のテーマがあり得るとしたら，そこまで踏み込む，つまり立法政策にまで踏み込んだ検討がどうしても必要になるだろうと思います。

その点では，1997年の独禁法の改正による純粋持株会社の解禁から始まって，企

業法制，特に組織再編だけではない倒産，それも清算型と再建型と両方についてまで，これだけ実定法上の対応が企業変動については進んでいながら，労働法制では労働契約承継法しかなくて，かつその労働契約承継法は，先ほど「唯一調整だ」と言われましたが，果たしてあれで調整しきれているか。むしろ，新たな問題がどんどん噴出してきているわけです。

そういう状況の中でお聞きしたいのは，今日報告された皆さんの検討事項の中で，これは解釈論では無理ではないか。これは立法論に行かざるを得ないのではないかと思われた事柄をぜひ指摘してほしいと思います。

例えば，会社分割であれば，今の会社分割と労働契約承継法の関係の中では，どう解釈をしてもこれ以上は無理ではないか，これは立法的に対応せざるを得ないのではないかというものがあるのか。あるいは，解釈論の進化の中で解決するべき問題だということになるのか。

特に倒産のほうでは，戸谷会員と池田会員の話を聞いていると，これは立法論の方向に行くべき問題ではないかと予感される内容がありました。あるいは，実務上，木下会員と徳住会員は，これは法律があったほうがいいのではないかと実感されることもあると思います。

ということで，今日の報告者の皆さんから，これは解釈論の世界を既に超えていると思われる内容がありましたら，それを指摘してもらえたら，今後の学会の新たな大テーマにつなげていけるのではないかと思いますので，よろしくお願いします。

山川（司会）　それでは，それぞれの報告者の方々から，何かありましたら発言をお願いします。

水島（大阪大学）　野川会員が言われた，シンポジウムをつなげていくというご指摘は，まさにそのとおりと思います。その点に関して，私たちは2008年のシンポジウムを展開して立法論に進むという方法も当初検討しましたが，その方向には行かず初期の段階でそこは途切れてしまいました。それは，企画委員長との意思疎通がうまくいっていなかったのかもしれません。

今回は，これまでの検討と同じことをやっても仕方がない，倒産についてかなり重きを置こう，労使関係という切り口を採り，企業変動といった場合に，すっと思い浮かぶような典型論点だけの報告にならないようにしよう，と話し合いました。

野川会員の立法論のご質問に戻りますが，企業変動以外の場面でも用いられる労働法制や法理で問題を解決していることには違和感を持っています。ただ，問題の大半はそれで解決できていますので，立法が必要であるとまでは，私自身は思っていません。

木下（弁護士）　今，水島会員が言われたとおり，企業変動において労働契約上のさまざまな問題は，労働契約法や判例・法理を中心として解決してきているのですが，解決しきれない問題として，先ほど紹介したように，退職金，退職年金，特に退職年金の問題は大きいです。

というのは，確定給付年金にしろ確定拠出年金にしろ，確定拠出年金はもともと

ポータビリティーを前提に作られたと言われているので、まだしもですが、確定給付型年金については、企業と年金基金、さらに厚生労働省が入って労働者が居るということで、まさに関係者が多いうえに認可型、最終的に認可という大問題があって、実態としては企業変動があったときに年金をどう処理するかというのは、本当に今の法律の中では無理ということで、退職金や年金があるからこそ退職してもらって年金をぶつ切りにしているというゆがんだ状態になっています。

これをどうするかというのは、今後非常に大きな問題だと思うのですが、年金の財政というのは、年金の単位というか集団ごとに違っていますし、今のように年金が赤字で繰り回している状態になると、年金から年金の対象になる人が出ていくたびに大きなお金を下に残していかなければいけないとか、とんでもないことが起きています。とにかく、年金の問題がもう少しすっきりしたら、企業変動はさらにやりやすくなるだろうし、ダイナミックなものができてくると思います。

もちろん、それが労働者の不利益になってはならない。逆に言うと、年金がつながることは、むしろ労働者にとって利益になると思いますし、今、法制度が十分でないためにぶつ切りになっているところを、何かつなぐような考え方がないかということは考えています。

成田（弘前大学） 今回、私は、会社分割に限定して報告を行いました。報告の中でも指摘しましたが、会社分割の定義について、労働契約承継法と会社法の間では乖離が発生している状態にあると考えます。その一つは、会社分割の要件に「債務の履行の見込みがあること」が要求されなくなったことです。労働契約承継法は債務超過分割が可能であると想定して作られてはいません。債務超過分割が可能なのであれば、会社分割後に労働条件が不利益に変更されたり、整理解雇が行われるなど労働者に大きな不利益が発生する可能性が高まります。この点に関しては、解釈の問題というよりもなんらかの立法的な対処が必要なのではないかと考えます。

また、2008年秋の労働法学会おいて「企業システム・企業法制の変化と労働法」とのテーマで大シンポジウムが行われた際に、有田謙司会員から債務超過分割が可能であるということや、会社分割の対象に「事業」を要求していないということから、会社分割と事業譲渡との差があまりなくなってきているという指摘がありました。以上の指摘も含めて、企業再編と労働法上の問題を考える際には、当然、事業譲渡も併せて検討する必要があると思います。このことについては、特にヨーロッパの法制度と比較しながら検討されている先生方も多くいらっしゃいますが、具体的な立法的対処については、今後の検討課題だと考えています。

徳住（弁護士） 野川会員が述べられた法律改正の問題は、私の報告の中に含まれているおり、ここでは触れません。

土田会員の問題提起は、私たちは本当に深刻に考えなければいけません。労働法学

者の先生が企業組織再編の問題を考えられるのは，判例とか限られた局面の事案だと思います。今日の木下会員の報告のような企業組織再編が日常茶飯に行われています。土田会員はコーポレートガバナンスによる規制の話をされましたが，企業組織再編の過程では労働法が軽視され，機能していない現実があります。

企業法とか倒産法の実務家の先生方と議論をすると，企業組織再編においてバイサイドとセルサイドに分けて，バイサイドの意向で労働者の処遇や労働条件も全て決まってしまうとの認識があります。企業組織再編の中で，労働法はほとんど機能していません。木下会員がおっしゃったように，「裁判になったらおしまい。」という認識ですから，バイサイドの横暴な実態があってもほとんど裁判にならないまま抑え込まれてしまっています。

現実に，企業組織再編の過程では，バイサイドの意向で全て決まってしまい，「労働組合は解散してくれ」，「労働組合は上部団体を抜けろ」とかの不当労働行為が行われ，労働者の採用人数・採用者とかの処遇や労働条件もバイサイドの意向で決まっています。

そういう中で，荒木（尚志）先生が，「会社法規範と労働法規範が調整できないか。」という視点を『倒産と労働』（実務研究会編・商事法務）の中で提起されましたが，これは重要な視点だと思います。「バイサイドの意向で全部決まってしまう。」という問題が議論されないままで，倒産法制，企業再編法制が語られていることは残念に思えます。

戸谷（琉球大学） 私もどちらかというと，利害調整がうまくいっていない部分があるのではないかという話をしました。実際に，ものの本などを読むと，特に誠実に職務にあたる管財人の方であれば，ちゃんと利害が調整できるようにいろいろ交渉されるようではありますけれども，できることならちゃんと表立って債務者とか労働者のもう少し広い範囲で利害調整ができる枠組みができれば，それに越したことはないだろうと。

ただ，そうなってくると，考えるべきことが膨大にあって，私としては，できるのだったら，せっかく今，倒産諸法の中には従業員代表というか，過半数組合なり過半数代表という枠組みがある程度できあがっていますから，それをもう少し活用できればいいのではないかと思いますが，そうなってくると，一つは倒産法から離れて考えていくのですが，通常労働関係において，労働組合ではない一般的包括的な労働者代表機関が存在しないのに，倒産のときにだけそういうものがつくれるかという，奇形的な接ぎ木みたいな制度設計が可能かどうか。

私としては，倒産時というのは，通常時以上に包括的に，半ば強制的に労働者全体を代表する。それで人員調整などについて交渉する必要性があるのではないかと思いますが，これは通常時との比較が必要です。

さらに，通常の労働関係で言えば，使用者・労働者は，使用者が絶対的に強いということを前提にしていますけれど，使用者・労働者・債権者ということになると，

労働者と債権者は，常に労働者の利益が債権者を凌駕（りょうが）するとまで言えるかというと，そういうことは多分ありません。つまり，ここで報告していますと，どうしても労働者を保護することを考えて制度設計の話をしてしまうのですが，労働者・債権者というのは，そういう力関係の上下の関係を形成しているわけでは必ずしもないわけです。だから，そういう三者関係は，そもそもどういう立場の関係を構成していると捉えたうえで利害調整の場を考えるのかという辺りが難しいです。

いずれにしても，大変難しいということしか今のところ分からないのですが，現在あるそういう制度からの発展というのは，一つの立法論的な候補かと考えています。

池田（北海道大学）　私のご報告に関しては，先ほど森戸会員の質問にお答えした際に申し上げたとおり，解釈論としては限界なのではないかということで，立法論含みのご報告でした。ただ，倒産手続下での労働関係を勉強している立場から申し上げますと，倒産という純私法的世界に入ると，普段の労働法で考えなくてよかったことを考えなくてはならなくなるという事態の典型が今回のバックペイのような話で，バックペイの法的性質は何なのかという話が出てくるということでした。さらに，倒産手続下では，不当労働行為の救済手続きについて，そもそもどういう手続きなのかという話がどうしても避けては通れなくなります。そういった問題を取っ掛かりとして，今回ご報告しました。

これについて，立法論としてどのように考えるかという点についても，私として確固たる考えが既にあるわけではありません。しかし，そういった議論をするにあたっては，倒産手続外であまり考えなくてよかったことを考えなければならなくなる関係上，倒産法について少し規定をいじれば何とかなるのか，それとも労働法の平時の話から見直さなければならない話なのかということを常に意識しながら，あるいはその両方が問題なのかということを考えながら，検討していかなければならない話だと考えています。

山川（司会）　司会の立場を若干離れますけれど，立法で対応する場合，二つの戦略がありまして，一つ目は民事法分野の立法の中に入り込んで労働法原理を反映させていく方法。二つ目は，特別法というかたちで労働立法により独自に労働法原理を対抗させ，あるいは調整させていく方法と，その二つの戦略を使い分けることがあり得ると思います。

もう一つ，コーポレートガバナンスの関係で言えば，これまで労働法で問題としてきたコーポレートガバナンスは，いわばスタティックな，株主と労働者が変動しない状況での問題でしたが，企業組織再編・変動の問題は，株主が変わる，つまり企業の所有者が変わるというダイナミックなコーポレートガバナンスへの変容にかかわることで，やや側面が違っています。そこでは，いろいろな負の側面が一方であると同時に，先ほどのデューデリジェンスのお話で出てきたような，労働問題を抱えている，あるいは，労働法違反を抱えている企業は買わ

ないとか，そういう意味で資本市場を通じた労働法違反のモニタリングのようなものも可能になる場面であるということを感じました。

では，まず先ほどご質問のあった野川会員お願いします。

野川（明治大学）　最初に水島会員がお答えになったときに，今回の検討では，最初のほうでは立法論にも踏み込むという意見もあったけれど，結局こういうことになって，その点では企画委員会との調整がうまくいかなかったというのは，企画委員長である私に対するお叱りと受け止めて深く反省していますが，そういう趣旨ではありません。最初に言ったとおり，今後この問題を検討するにあたって，最後のところで，どうしても解釈論では解決できない問題が指摘されることによって，また新たな大会における大シンポが開かれる際に同等の問題について非常に素晴らしいシンポになるだろうということです。

今回のシンポジウムは，企画委員長としてまれに見る素晴らしいシンポジウムだと思って満足していることを付言しておきます。

山川（司会）　いろいろご尽力いただきました野川企画委員長大変ありがとうございました。もうお一方ご質問がありますのでお願いします。

11　意見聴取・情報提供，コーポレートガバナンスコード

早田賢史（弁護士）　戸谷会員のところで，今回は再建型倒産手続きと労働との関係はあまり言及がありませんでした。例えば，意見聴取についてみれば，民事再生の場合であれば，開始決定前の意見聴取（民事再生法24条の2）など各種条文に規定されています，会社更生の場合もそれぞれ規定があります。

この意見聴取や集会期日の通知は，「集会への出席，意見表明の機会があることを含む」と言われています。だから，意見聴取があるということは，当然その再建手続きについて反対する意見を発表して伝えることを含んでいるわけで，それをしたからといって不利益な取扱いを受けてはいけない。そこまで法律上の権利として保障されているという意味だと思います。

そもそも倒産状態になっていて破綻している会社というのは，現経営陣のものではなくて，言うなれば債権者の管理下にあります。債権者の会社とも言えると思います。結局，決定権は債権者にあることから，使用者性もそちらに移っているといえる面があるのではないかとも思います。

倒産の状況下での労働者ないし労働組合から債権者への意見表明の機会，情報提供などについては今の立法では不十分な点は多いと思います。それで，今の状態で債権者の意図に沿うような行動をやろうとすると，情報義務違反とかいろいろな問題も出てきます。もっと労働組合の，労働者の権利を実質化するため，意見聴取や情報提供の重大さを強調して，どなたか研究していただけたらと思いました。

山川（司会）　もうお一方，どうぞお

願いします。

南部恵一（弁護士） 先ほど会社法と労働法との関係やコーポレートガバナンスの関係のお話がありましたが，会社法業界で去年から今年にかけて最大の話題は，コーポレートガバナンスコード対応でした。コーポレートガバナンスコードの基本原則第2は，「株主以外のステークホルダーとの協働」であり，株主以外のステークホルダーの筆頭に従業員が挙げられています。

コーポレートガバナンスコード一つで実務がどの程度変わるか分かりませんけれども，こういった準則を定めて，実際に，各株式会社，上場会社が取り組みをしていますので，ぜひ労働法学会，労働法の研究者の方においても，こういったところも視野に入れて研究を進めていただけると，実務としても大変ありがたいと感じました。

鎌田（司会） 決められた時間を既に超過して，後半になって皆さんの大変活発な意見・質問があって，とても素晴らしいシンポジウムになったのではないかと思います。

本日いろいろな方が既にまとめの発言をされていますので，私のほうから特にありませんが，こういう企業再編，企業変動，これまで何回か学会としても研究・検討してきましたけれども，従来はどちらかというと，私の印象ですけれど，アウトソーシングとか請負という縦系列の企業再編や事業譲渡が議論になっていたと思います。本日は，そういった視点に加えて倒産のような債権者を含めたもっと広い視野から，しかも実務の全体像がどういうふうに動いているかということも踏まえた議論がなされ，実態を共有化できたのではないかと思います。そういう意味では，大変意義があったのではないかと思います。こういったことで，さらに研究を続けて学会としても影響力を増していくことが必要かと思います。

それでは，本日はこれにてシンポジウムを終了したいと思います。ご清聴・ご意見，どうもありがとうございました。

（終了）

回顧と展望

妊娠中の軽易業務転換を契機とする降格措置に対する司法判断　　　　相澤美智子
　　——広島中央保健生協（C生協病院）事件・
　　　最一小判平26・10・23民集68巻8号1270頁——

職種が限定された労働者による職種変更にかかる同意の有効性　　　　古賀　修平
　　——西日本鉄道（B自動車営業所）事件・
　　　福岡高判平27・1・15労判1115号23頁——

妊娠中の軽易業務転換を契機とする降格措置に対する司法判断
――広島中央保健生協（C生協病院）事件・
最一小判平26・10・23民集68巻8号1270頁――

相 澤 美智子

(一橋大学)

I　事実の概要

　X（原告，控訴人，上告人）は，平成6年3月よりY（被告，被控訴人，被上告人）の経営するC病院に勤務していた理学療法士であり，訪問リハビリ業務および病院リハビリ業務の双方を経験した後，平成19年7月，Yが訪問リハビリ業務をその運営する訪問介護施設Bに移管したときから，Bの副主任に就任した。

　平成20年2月，Xは第2子を妊娠し，労働基準法（以下，労基法）65条3項に基づき軽易業務への転換を請求した。具体的には，訪問リハビリ業務よりも身体的負担の小さい病院リハビリ業務を希望したため，Yは平成20年3月，XをC病院リハビリ科に異動させた。YはXに副主任を免ずることについて説明し，渋々ながらもXの了承を得て，異動と同時に副主任を免ずる辞令を発した（以下，本件措置）。

　Yは，産前産後休業および育児休業を終えて職場復帰したXを，同人の希望を聴取した上で，リハビリ科からBに異動させた。その当時，Bでは，Xよりも職歴の6年短い職員が本件措置後まもなく副主任に任ぜられて訪問リハビリ業務の取りまとめを行っていたため，Xは再び副主任に任ぜられることなく，以後，同職員の下で勤務することになった。Xはこれを不服として強く抗議した。

　Xは，YがXを副主任から免じた措置は，男女雇用機会均等法（以下，均等

法）9条3項に違反する無効なものである等と主張して、管理職（副主任）手当（月額9500円）の支払い等を求めて本訴を提起した。一審の広島地裁および二審の広島高裁はいずれも、本件措置はXの同意を得た上でYの人事配置上の必要性に基づいてその裁量権の範囲内で行われたものであり、均等法9条3項違反には当たらないと判示した。これに対し、Xが上告したのが本件である。

II 判　旨（原判決棄却，差戻し）

（1）「……均等法の規定の文言や趣旨等に鑑みると，同法9条3項の規定は，上記の目的及び基本的理念を実現するためにこれに反する事業主による措置を禁止する強行規定として設けられたものと解するのが相当であり，女性労働者につき，妊娠，出産，産前休業の請求，産後休業又は軽易業務への転換等を理由として解雇その他不利益な取扱いをすることは，同項に違反するものとして違法であり，無効であるというべきである。」

（2-1）「一般に降格は労働者に不利な影響をもたらす処遇であるところ，上記のような均等法1条及び2条の規定する同法の目的及び基本的理念やこれらに基づいて同法9条3項の規制が設けられた趣旨及び目的に照らせば，女性労働者につき妊娠中の軽易業務への転換を契機として降格させる事業主の措置は，原則として同項の禁止する取扱いに当たるものと解されるが，当該労働者が軽易業務への転換及び上記措置により受ける不利益な影響の内容や程度，上記措置に係る事業主による説明の内容その他の経緯や当該労働者の意向等に照らして，当該労働者につき自由な意思に基づいて降格を承認したものと認めるに足りる合理的な理由が客観的に存在するとき，又は事業主において当該労働者につき降格の措置を執ることなく軽易業務への転換をさせることに円滑な事業運営や人員の適正配置の確保などの業務上の必要性から支障がある場合であって，その業務上の必要性の内容や程度及び上記の有利又は不利な影響の内容や程度に照らして，上記措置につき同項の趣旨及び目的に実質的に反しないものと認められる特段の事情が存在するときは，同項の禁止する取扱いに当たらない者

(**2-2**)「そして，上記の承諾に係る合理的な理由に関しては，上記の有利又は不利な影響の内容や程度の評価に当たって，上記措置の前後における職務内容の実質，業務上の負担の内容や程度，労働条件の内容等を勘案し，当該労働者が上記措置による影響につき事業主から適切な説明を受けて十分に理解した上でその諾否を決定し得たか否かという観点から，その存否を判断すべきものと解される。また，上記特段の事情に関しては，上記の業務上の必要性の有無及びその内容や程度の評価に当たって，当該労働者の転換後の業務の性質や内容，転換後の職場の組織や業務態勢及び人員配置の状況，当該労働者の知識や経験等を勘案するとともに，上記の有利又は不利な影響の内容や程度の評価に当たって，上記措置に係る経緯や当該労働者の意向をも勘案して，その存否を判断すべきものと解される。」

(**3-1**)「Xが軽易業務への転換及び本件措置により受けた有利な影響の内容や程度は明らかではない一方で，Xが本件措置により受けた不利な影響の内容や程度は管理職の地位と手当等の喪失という重大なものである上，本件措置による降格は，軽易業務への転換期間の経過後も副主任への復帰を予定していないものといわざるを得ず，上告人の意向に反するものであったというべきである。それにもかかわらず，育児休業終了後の副主任への復帰の可否等についてXがYから説明を受けた形跡はなく，Xは，Yから……本件措置による影響につき不十分な内容の説明を受けただけで，育児休業終了後の副主任への復帰の可否等につき事前に認識を得る機会を得られないまま，本件措置の時点では副主任を免ぜられることを渋々ながら受け入れたにとどまるものであるから，Xにおいて，本件措置による影響につき事業主から適切な説明を受けて十分に理解した上でその諾否を決定し得たものとはいえず，Xにつき……自由な意思に基づいて降格を承諾したものと認めるに足りる合理的な理由が客観的に存在するということはできないというべきである。」

(**3-2**)「YにおいてXにつき降格の措置を執ることなく軽易業務への転換をさせることに業務上の必要性から支障があったか否か等は明らかではなく，前記のとおり，本件措置によりXにおける業務上の負担の軽減が図られたか否

か等も明らかではない一方で，Xが本件措置により受けた不利な影響の内容や程度は管理職の地位と手当等の喪失という重大なものである上，本件措置による降格は，軽易業務への転換期間の経過後も副主任への復帰を予定していないものといわざるを得ず，Xの意向に反するものであったというべきであるから，本件措置については，Yにおける業務上の必要性の内容や程度，Xにおける業務上の負担の軽減の内容や程度を基礎付ける事情の有無などの点が明らかにされない限り……均等法9条3項の趣旨及び目的に実質的に反しないものと認められる特段の事情の存在を認めることはできないものというべきである。」

なお，本判決には櫻井龍子裁判官による補足意見が付されている。

Ⅲ 検　討

1　本判決の位置づけおよび意義

(1)　位置づけ

本件のような妊娠中の軽易業務転換に伴う降格等の不利益取扱いの違法性が争われた裁判例はこれまで存在しないが，産前産後休業や育児休業などに伴う不利益取扱いの違法性が争われた裁判例は存在する。前年度の出勤率が80％以上の者についてのみ賃上げするという制度の下で，年休取得日や生理休暇取得日を欠勤扱いしたことの違法性が問題となった日本シェーリング事件において，最高裁は，公序に反し無効であると判示した。[1]最高裁は，その後，東朋学園事件判決において，出勤率が90％未満の場合に賞与を支給しないという制度の下で，産前産後休業および勤務時間短縮を欠勤扱いとする就業規則条項は公序に反して無効であるが，賞与額の計算にあたってこの期間を減額対象の欠勤として扱うことは許されると判示した。[2]これらはいずれも2006年の均等法改正以前の裁判例であり，したがって，当然のことながら，均等法9条3項を裁判規範とする判決ではない。この当時の最高裁の判断枠組みは，次のようなものであ

1）　日本シェーリング事件・最一小判平元・12・14民集43巻12号1895頁。
2）　東朋学園事件・最一小判平15・12・4労判862号14頁。

った。すなわち，ⓐ使用者のとる措置が労働者に法律所定の権利の行使を抑制させ，ひいては法が権利を保障した趣旨を実質的に失わせる場合には，公序違反となること，しかしながら，ⓑそれによる労働者の被る不利益がその者の不就労の程度に比例しているという意味での，比例的不利益であれば許容されるということ，この2つである。

その後，2006年の均等法改正において，妊娠・出産等を理由とする不利益取扱いを禁止する規定（均等法9条3項）が設けられた。2006年法改正後，同法9条3項違反が争われた事件としては，コナミデジタルエンタテイメント事件（以下，コナミ事件）を挙げうるのみである。同事件東京高裁判決は，産前産後休業とこれに続く育児休業から復帰した労働者の業務内容を変更したことについては，出産・育児以外の合理的な理由に基づくものであり，均等法9条3項等に違反しないと判示した。その一方で，就業規則や年俸規程に明示的な根拠がないにもかかわらず，また労働者の個別の同意を得ることもないままに，役割報酬を大幅に減額し，かつ成果報酬を0円と査定したことは，「育休等を取得したことを合理的な限度を超えて不利益に」取り扱うものであり，人事権の濫用にあたり無効であるとした[3]。使用者が労働者の育休取得を合理的限度を超えて不利益に取り扱ったことを違法とした点は，上記最高裁判例のⓑの考え方を踏襲したものと考えうる。

本件1審および原審は，職員の任免は，人事権の行使として，使用者の広範な裁量に委ねられているということを前提に，本件措置はXの「同意」を得た上で行ったものであり，均等法9条3項違反ということはできず，人事権の濫用にあたるということもできないとして，Xの請求を退けた[4]。このように，下級審の判断は，使用者が人事において広範な裁量を有しているという説示と均等法9条3項とが両立しうるのかを必ずしも明らかにしていないという問題点を有し，かつ，Xの「同意」を重視するという考え方を採用していた。

3） コナミデジタルエンタテイメント事件・東京高判平23・12・27労判1042号15頁。
4） 広島中央保健生協（C生協病院）事件・広島地判平24・2・23労判1100号18頁，同事件・広島高判平24・7・19労判1100号15頁。

(2) 意　義

本判決は，本件措置，すなわち，妊娠中の軽易業務転換を契機とする降格等の措置は，原則として強行規定である均等法 9 条 3 項違反にあたり，無効であると判示した。妊娠中の軽易業務転換に伴う降格等の不利益取扱いの違法性が争われたのは初めてのことであり，そのような事案において，最高裁が均等法 9 条 3 項は強行規定であると宣言した。すなわち，最高裁は人事権の濫用があったか（権利濫用論），あるいは労働者の権利行使を抑制させ，法の趣旨を実質的に失わせるような事情がなかったか（公序論）を問わず，2006年に均等法が改正されたことを踏まえて，上記のような判断を下した。この点に本判決の第 1 の意義がある。

本判決の第 2 の意義は，均等法 9 条 3 項違反性の判断において 2 つの例外を容認したことである。2 つの例外とは，①労働者が自由な意思に基づいて不利益取扱い（本件においては降格）を承諾したものと認めるに足りる合理的理由が客観的に存在するとき，または②均等法 9 条 3 項の趣旨及び目的に実質的に反しないものと認められる特段の事情が存在するとき，である。①は本件原審の判断枠組み，②は東朋学園事件最高裁判決のⓑの論理を踏襲するものといえよう。

5）　本判決の評釈として，政本裕哉「妊娠に伴う軽易業務への転換を契機とした降格の違法性」NBL1038号（2014年）4 頁，所浩代「妊娠を契機とする軽易業務変換に伴う降格（管理職解任）と均等法 9 条 3 項」新・判例解説 Watch 労働法（TKC ローライブラリー81号（2015年），長谷川聡「妊娠による軽易業務転換請求を契機とする降格の法的効力」労旬1835号（2015年）6 頁，同「妊娠による軽易業務転換請求を理由とする降格の違法性」ジュリ1479号（2015年）229頁，矢野昌浩「妊娠中の軽易作業への転換を契機とする降格と均等法 9 条 3 項」法セミ722号（2015年）129頁，長谷川珠子「妊娠中の軽易業務への転換を契機とした降格の違法性」法教413号（2015年）35頁，山田省三「妊娠に伴う軽易業務転換における副主任『免除』と均等法 9 条 3 項」労判1104号（2015年）5 頁，水町勇一郎「妊娠時の軽易業務への転換を契機とした降格の違法性」ジュリ1477号（2015年）103頁，富永晃一「妊娠中の軽易業務転換を契機とする降格の均等法 9 条 3 項（不利益取扱い禁止）違反該当性」季労248号（2015年）173頁に接した。

2 評　価

　本判決は，例外①を容認した点を除き，次の3点から評価に値すると考える。まず，均等法9条3項を根拠に，妊娠中の軽易業務転換を契機とする降格措置は原則として違法・無効となるとし，かつ同項が強行規定であることを言明したこと。強行法規たる特別法が制定された法領域については，民法の一般条項ではなく，当該法規を積極的に援用することが，広く一般市民にも具体的に何が法違反になるのかを分かりやすく発信し，法化の促進に繋がると考える。第2に，実体的要件を原則と例外に分けたこと。これにより，例外事由については使用者側に立証責任を課すという，立証責任の分配を実現した。そして第3に，例外②において，論理的には上記公序論ⓑを含みつつ，例外事由となりうるものを広く列挙し，判断枠組みを精緻化したこと。これにより，以前にも増して妥当な結論が導かれるものと推察される。なお，例外②は，差別をすることが文字通り例外的に有効になるための基準を検討するものであり，差別が無効となる基準を示した上記公序論ⓐとは逆のアプローチとなっている。例外②がそのような構造になっているのは，それに先立ち，本件措置のような不利益取扱いは原則として均等法9条3項に違反すると判示されたからである。

　本判決の射程は決して短くないと思われる。本判決が均等法の規定のなかで強行性を認めたのは9条3項であったが，判決の趣旨からは，最高裁は均等法上の他の差別禁止規定（同法5条〜7条，9条1項，2項）にも強行性を認めていると思われる[6]。また，本判決において例外①または②該当事由が存在しなければ均等法9条3項違反となるとされた不利益取扱いは，具体的には，妊娠中の軽易業務転換を契機とする降格であったが，この論理は妊娠・出産等を理由

6）　本判決は，均等法9条3項の規定は，同法の「目的及び基本的理念を実現するためにこれに反する事業主による措置を禁止する強行規定として設けられたものと解するのが相当」と述べており，こうした文言からは，最高裁が均等法上の他の差別禁止規定──これらも同法の目的および基本的理念の実現を阻む事業主の措置を禁止したものである──について，それらを強行規定でないと捉えているとは考えにくい。なお，9条3項項以外に差別を禁止した均等法の条項が強行法規であるか否かについて，学説上は見解が分かれることが，2015年春の労働法学会のミニシンポジウムで明らかになった。浅倉むつ子＝山川隆一「趣旨と総括」日本労働法学会誌126号（2015年）104-105頁参照。

とする他の不利益取扱いにも及ぶと考えられる[7]。

　例外①が容認されたことには問題を感じる[8]。最高裁が，一方で均等法9条3項は強行規定であると宣言したことと，他方で労働者が自由な意思に基づき不利益取扱いを承諾していれば，当該取扱いは強行規定違反との評価を免れるとしたことは，平仄が合わない。このことから想起されるのは，最高裁がかつて日新製鋼事件判決において[9]，労働者の「自由な意思」の存在により，労基法24条の強行法規性の解除を認めたことである。本件において例外①が容認されたのは，労働者が軽易業務への転換を「請求」し（労働者の意思の介在を示す事実），その結果本件措置がとられたからだったとも考えうる。しかし，賃金全額払い原則の例外（賃金債権の相殺）と差別禁止の例外を同列に論じることには賛成できない。

　なお，本判決に付された櫻井龍子裁判官による補足意見は，Xを育児休業から復帰した際に副主任の地位に復帰させていないことは育児・介護休業法10条違反になりうる，と強く示唆したものとして傾聴に値する。

Ⅳ　むすび

　本判決は「マタハラ判決」として社会的に大きな注目を集め，マタハラという比較的新しい造語に市民権を与えた判決であるとともに，労働行政にも影響を与えるものとなった。厚生労働省は本判決を踏まえて，2015年1月23日，均等法施行通達および育児介護休業法施行通達の一部を改正する通達を発した[10]。

　2015年12月17日，差戻審である広島高裁が判決を下した。同裁判所は，X

7）　本判決によれば，均等法の目的および基本的理念に基づいて同法9条3項の規制が設けられたのであるから，降格以外でも妊娠・出産等を理由とする不利益取扱いには，本判決の論理が及ぶと考えて問題ないと思われる。
8）　例外①を容認したことに対しては，多くの評釈が失当であったと評価するなか，ある評者は，労働者の承諾により，妊娠・出産と降格との間の因果関係が切れるとし，本判決の立場に賛成していた（長谷川珠子・前掲注5）論文40頁）。
9）　日新製鋼事件・最二小判平2・11・26民集44巻8号1085頁。
10）　平成27年1月23日雇児発0123第1号。本通達の内容を批判するものとして，盛誠吾「判例と行政通達——マタニティ・ハラスメント最高裁判決の意味」労旬1840号（2015年）4頁。

は降格をやむなく事後に承諾しただけで進んで同意しておらず，Yも降格させない場合に生じる支障について十分検討していないと指摘し，Xの請求を認容，Yに慰謝料など175万円の支払いを命じた。[11] 双方とも上告せず，同判決は確定した。

(あいざわ　みちこ)

---

11) 高島曜介「妊娠で降格　再び『違法』」朝日新聞2015年11月18日朝刊38頁。

職種が限定された労働者による職種変更にかかる同意の有効性
―― 西日本鉄道（B自動車営業所）事件・
福岡高判平27・1・15労判1115号23頁 ――

古 賀 修 平

（早稲田大学大学院）

I 事実の概要

1　Y社（1審被告＝被控訴人）は、鉄道および自動車による運送事業等を営む会社である。

2　X（1審原告＝控訴人）は、平成11年5月にバス運転士の契約社員としてY社に採用され、翌年6月に正社員となった。XY間の労働契約には、バス運転士として業務に従事する旨の職種限定合意があった。

3　Y社では、心身の故障その他により現職継続が困難とされる者の取扱いに係る制度（以下「本件制度」）が労働協約上存在し、労使の委員によって構成される現職継続判定委員会（以下「判定委員会」）により、当該労働者の現職継続の可否が判定される。また、委員会への審議の申立ては、労働者による申し出の場合を含め、所属長によってなされる。判定委員会により、現職継続が困難なものの軽易作業に従事することが可能と判断され、職能等級1級（軽作業部門）に格付けられた場合、基本給の減額（降職前の80％）および退職金算定にあたっての勤続年数の控除等の労働条件変更が伴う。

4　平成23年3月17日、Xは、バス運行中に乗客に傷害を負わせる事故（以下「本件事故」）を起こした。また、Xには、本件事故以前にも、乗客からの苦情および責任事故の件数が他の運転士に比べ明らかに多かったことなどから、平成18年以降、2度の研修受講歴があった。本件事故後、B営業所のA所長は、Xがさらなる重大事故を起こすことを恐れてXをバス乗務から外し、本

件事故の翌日から同月28日まで営業所内で指導教育（以下「本件指導教育」）を実施した。しかしながら，Xは本件指導教育期間中にも苦情を受け，それに対する反省もみられないと感じたA所長は，Xに対して自宅で反省するよう指示した。

5　同月30日以降，A所長は，G主席助役およびXの所属する労働組合のH分会長ら同席のもと，Xとの面談を複数回実施した。A所長は，Xに対して退職を勧め，その際，懲戒解雇の可能性を示唆することもあった。これに対してXは，H分会長から助言を受けたこともあり，一貫して職種変更の希望を述べた。A所長との話合いは翌月11日までには打ち切られた。

6　その後，Xの処遇は本社D課に委ねられ，同月11日に実施された同課職員との面談では，処遇については未だ判断されていない旨が告げられた。同月16日，Xは，弁護士を通じて退職強要への抗議およびバス運転士への復帰を求めた。同月19日，Xは，C課長との面談の際，運転士として継続したいが難しいのであれば別の部署で仕事を続けたいと述べた。C課長は，バス運転士として乗務させることはできないとして職種変更を提案し，その場合の待遇，およびその手続きとしてXによる職種変更申出書の提出が必要である旨説明した。同月22日，Xは，弁護士に相談のうえ，自身の適正欠如を理由とする他職種への配転希望を内容とする職種変更申出書（以下「本件申出書」）を作成した。

7　A所長は，同月25日付で本件判定委員会に審議を求め，同月30日，本件判定委員会は，Xを現職継続困難と判定した。そして，Y社は，Xに対して同年5月16日付で職能等級1等級とする辞令（以下「本件辞令」）を交付した（本件辞令による職種変更を以下「本件職種変更」）。その後，Xは，平成23年12月に紛争調整委員会に対して運転士業務への復帰等を求めてあっせんを申立てたこともあったが，平成25年9月1日付でY社を退職するまで車両誘導係等の業務に従事した。

8　平成25年10月，Xは，本件職種変更が無効であることにもとづき，本件職種変更後の賃金および退職時に支払われた退職金との差額分，ならびに違法な退職強要にもとづく慰謝料等を求めて裁判所に訴えを提起した。

9　原審（福岡地判平26・5・30労判1115号36頁）は，A所長が執拗に退職を迫ったり，不当に退職を勧告したとはいい難いとしてA所長による退職強要を否定し，また，本件職種変更の有効性についても，Xが職種変更を考慮しない場合には解雇もやむを得ない状況であったとして，本件職種変更がXの真意に基づくものであったと判断し，請求を斥けた。Xが控訴。

II　判　旨（控訴棄却）

1　本件職種変更にかかる同意の有効性

（1）「労働契約が職種限定合意を含むものであっても，労働者の同意がある場合には，職種変更をすることは可能であると解される。しかしながら，一般に職種は労働者の重大な関心事であり，また，職種変更が通常，給与等，他の契約条件の変更を伴うものであることに照らすと，労働者の職種変更に係る同意は，労働者の任意（自由意思）によるものであることを要し，任意性の有無を判断するに当たっては，職種変更に至る事情及びその後の経緯，すなわち，(ｱ)労働者が自発的に職種変更を申し出たのか，それとも使用者の働き掛けにより申し出たのか，また，(ｲ)後者の場合には，労働者の当該職種に留まることが客観的に困難な状況であったのかなど，当該労働者が職種変更に同意する合理性の有無，さらに，(ｳ)職種変更後の状況等を総合考慮して慎重に判断すべきものであると解される。」

（2）「なお……解雇相当事由が認められない状況においても，労働者が不本意ながらも諸事情を考慮して任意に職種変更する場合もあり得ることに鑑みると，解雇相当事由の存在を職種変更の要件とするのは相当ではな（い）。」

（3）Xの運転士業務にかかる苦情，責任事故等の内容および件数，ならびに本件事故後の所内教育の状況等によれば，「Xには，バス運転士として適格性に欠けるところがあったといわざるを得ず，Yにおいて，Xについての運転士として乗務させることができないと判断したことには相当な理由があり，Xが運転士として乗務を継続することは客観的に困難であったといえる。」

（4）本件職種変更に至る経緯（上記事実5ないし7）に照らすと，「本件同意

は，明示的または黙示的な強制によるものではなく，Xの任意によるものであったと認められる。」

(5) Xは精神的に追い詰められて本件申出書を作成した旨供述するが上記事実5ないし7によれば，「A所長らがXを強迫したとは認められず，また，Xに錯誤があったとも認められない。」

(6) 「本件職種変更はXの任意の同意による有効なものであり……賃金差額及び退職金差額の各支払を求めるXの請求はいずれも理由がない」

2 退職強要の有無

判旨1(3)ないし(5)のとおりであるから，「A所長らがXに対し，退職を強要したとは認められない。

……使用者責任による損害賠償を求めるXの請求も理由がない。」

III 検 討（結論賛成・判旨に疑問あり）[1]

1 はじめに

(1) 本件の特徴・位置づけ

本件は，職種が限定された労働者が，基本給の減額等をともなう他職種への職種変更が無効であることにもとづき，差額未払賃金等および，違法な退職強要にもとづき，慰謝料の支払いを請求した事案である。本判決は，一審同様，Xの請求を棄却した。本件における争点は，本件職種変更にかかる同意の有効性（争点1）および退職強要の有無（争点2）である。

まず，争点1では，職種が限定された労働者が，書面により，職種変更にかかる意思表示を行った点に事案的特徴がある。これまで同意の有効性判断において自由意思に言及した裁判例には，強行規定の適用除外としての同意の有効性[2]あるいは賃金減額にかかる黙示の同意の有効性[3]に関するものがある。それに対して，本件は，強行規定に抵触しない点および黙示の同意が問題となってい

---

1) 本判決の評釈として，大内伸哉ジュリ1488号（2016年）5頁。

ない点で，これらの裁判例と事案を異にする。

　また，争点2では，労働者に対して懲戒解雇の示唆を含む退職勧奨がおこなわれたこと，またその際，組合員が同席し労働者に助言していた点に事案的特徴がある。本判決は，退職強要にかかる判断枠組みについて特に提示していないが，使用者による労働者の自由な意思形成の阻害を否定した一事例として位置づけられる。

(2)　本判決の意義・射程

　本判決は，職種変更同意の有効性に関して，一般的判断枠組みを提示したものとして評価することができ，職種変更にかかる同意の有効性について，すでに書面による同意が存在する場面においても，労働者の同意の任意性が要求されると判断したこと，また，その具体的判断基準を摘示した点に本判決の意義がある。

　しかし，論点整理という観点では，本判決が適切であったのか疑問がある。本判決は，同意の有効性判断をもって本件職種変更の有効性を判断しており，職種変更に関する個別合意の問題として位置づけている感が否めない。ところが本件職種変更は，Xが書面による職種変更の意思表示を行った結果，労働協約上規定された本件判定委員会という特殊な手続きを介して，他職種への異動命令の効果として生じたものである。したがって，本件職種変更にかかる労働者の同意は，職種に関する変更権限を使用者に付与したにとどまるものとして整理されるべきだったのではないだろうか[4]。この点は当事者の主張に起因するものとも思われるが，仮に上記のように整理する場合，かかる司法審査は，変更権限付与に関する合意の有効性判断とは別に，実際に行われた職種変更にかかる権利濫用の審査がなされるべきこととなる[5]。

---

2)　シンガー・ソーイング・メシーン事件・最二小判昭48・1・19民集27巻1号27頁，日新製鋼事件・最二小判平2・11・26労判584号6頁，広島中央保健生協事件・最一小判平26・10・23労判1100号5頁。

3)　アーク証券（本訴）事件・東京地判平12・1・31労判785号45頁，NEXX事件・東京地判平24・2・27労判1048号72頁。

4)　変更権限の付与という考え方については，荒木尚志『労働法〔第2版〕』（有斐閣，2013年）354頁以下に示唆を得た。

以下は，本判決の理論構成に即して，争点1を中心に検討する。

2 本件職種変更にかかる同意の有効性
(1) 判断枠組み

(a) 自由意思にもとづく同意であることの要件　本判決は，原審判決同様，職種が限定された労働者の職種変更同意について，職種に対する関心の高さおよび給与等の労働条件の不利益変更の可能性を理由に，同意が自由意思にもとづきなされたことを要求している。これは，労働者の同意を慎重に判断する立場を示したものといえよう。

学説では，労使間の交渉力や情報力格差といった労働関係の特殊性や民法の意思表示に関する規定の立証の困難さを理由に，労働者に不利となる同意の認定につき，一定の慎重さもって判断すべきとの見解が示されている[6]。

過去の裁判例では，上述したように，労働者の同意の有効性判断にあたって，自由意思を要求するものが一定数存在するものの，自由意思の存在に言及しない裁判例も複数存在する[7]。たとえば，同意認定における判断に慎重さが求められるとしつつも，書面による同意のように，一見して明示の同意が存在する場合には，書面の存在をもって同意を認定した裁判例がある[8]。

本件で有効性が問題となった同意は，職種変更に関する，書面による同意であり，強行規定の適用除外としての同意や黙示の同意とは性質を異にする。しかし，本件職種変更が労働条件の引き下げ（基本給減額等）を伴うこと，また，一般に，労働関係において労働者の交渉力が劣位にあることに鑑みれば，同意に慎重さを求める趣旨として，同意が自由意思にもとづくものであることを要求した判旨は妥当である。もっとも，その場合に重要となるのは，いかなる判断基準のもと当該意思表示を評価するのかという点であろう。

---

5) 荒木・前掲注4)書355頁。
6) 西谷敏『労働法〔第2版〕』（日本評論社，2013年）159頁。
7) 有期契約への契約変更にかかる同意が争われた駸々堂事件・大阪高判平10・7・22労判748号98頁，転籍への同意が争われた大和証券ほか1社事件・大阪地判平27・4・24労判1123号133頁など。
8) 大和証券ほか1社事件判決・前掲注7)。

(b) 具体的判断基準　　原審判決と本判決は，当該職種に留まることの困難さを職種変更にかかる同意の有効性判断の一要素として位置づけている点は共通している。もっとも，両判決は，自由意思の推認にあたって考慮すべき要素が異なるので，この点を確認しながら検討する。

原審判決は，自由意思を推認するための判断要素として，「労働者が当該職種に留まることが困難な状況」の是非を挙げ，その程度については，解雇するに「十分な」理由が存在することを求めている。すなわち，原審判決は，普通解雇事由が存在しないような場合，Xが自由意思にもとづき本件職種変更に同意することは一般に考えられないという前提のもと，本件職種変更がXにとって雇用継続のために必須であったか否かを判断するものであり，意思表示の有効性との関係では，正当な選択肢が与えられていたか否かを問題としている。このような判断枠組みは，労働者の意思形成過程における動機の錯誤の有無を問うことと実質的に類似するものである。そして，労働者が不当に二者択一の選択を迫られた状況下で意思表示を行った——たとえば使用者が正当に解雇できないにもかかわらず労働者がそれと誤信して自主退職した——場合，この動機は明示または黙示に相手方に表示されたものとして要素の錯誤を構成すると解される[9]。

それに対して本判決は，「本件職種変更に至る事情およびその後の状況」の「総合考慮」をもとに自由意思を推認すべきと判示している。そのうえで，具体的判断基準について，本判決は，(ア)意思表示の自発性，(イ)同意することの合理性および(ウ)職種変更後の状況の3つの判断要素を摘示している。

このうち，(ア)については，判旨1(1)より，(イ)が考慮されるのが(ア)が否定される場合のみであること，また，本判決の採用する判断枠組みが労働者の同意を慎重に判断するものであることを考慮すれば，使用者による働きかけがなんら認められないような，純粋に自発的な意思表示をした場合に限定されるものと解すべきであろう。そのように解する場合，同意する客観的合理的事情の有無にかかる判断として(イ)を位置づけることができる[10]。

---

9) 昭和電線電纜事件・横浜地川崎支判平16・5・28労判878号40頁。

また，本判決は，当該職種に留まることの困難さについて，普通解雇事由の有無ではなく，「客観的に困難な状況」の有無を基準としているが，この点については，使用者が労働者の具体的配置に関する裁量権を有していることに鑑みれば，労働者を当該職種の業務に就かせることができないと判断したことについて相応の理由の有無を問うことで必要十分と解される。したがって，この点も妥当な判断である。

(2) あてはめ部分

本判決は，同意することの合理性判断として実体面および手続面の双方を評価している。

思うに，意思表示の有効性は，とくに労働関係のように労使間の交渉力に非対等性が認められる場合，意思表示の前提となる客観的な事情の存在（実体面）に加え，それにかかる経緯（手続面）についても判断されるべきものと解される。[11] したがって，両者を考慮している本判決は適切である。

まず，判旨1(3)は，当該職種に留まることの困難さについて，Xの運転士業務にかかる過去の苦情や責任事故等の件数およびその内容に加え，指導期間中の状況からXが運転士としての適格性を欠くと判断した。本判決自身は言及しないものの，原審判決が指摘するように，バスをはじめ公共交通機関の運転士には乗客の生命身体の安全が委ねられており，バス運転士という職務の特殊性に鑑みても妥当な判断と思われる。

つぎに，判旨1(4)は，本件職種変更に至る経過（事実5ないし7）および変更後のXの状況から，Xの同意が使用者側の強制によるものではなく，Xの任意によるものであったと判断した。本判決では，当事者間の交渉や使用者による説明といった手続面にかかる事情が新たに事実認定され，考慮されている。これら事実のうち，A所長との面談にH分会長が同席したこと，またXに対

---

10) この点は，意思表示の有効性判断につき，客観的合理的事情の有無を評価する上記最高裁判決（前掲注2））と親和性を有するものと指摘できる。
11) 使用者の説明・情報提供義務の必要性について言及するものとして，土田道夫「労働条件の不利益変更と労働者の同意——労働契約法8条・9条の解釈」根本到ほか編著『労働法と現代法の理論（上）』（日本評論社，2013年）324頁以下。

して助言したこと，ならびに同意に至る過程で弁護士に相談したこと等は，労使間の交渉における非対等性や情報力格差を是正する徴憑となるものと評価できる。また，以上のような状況下でX自身も職種変更を望む旨の発言をしていたことに鑑みれば，Xが強制されることなく任意に同意したと結論づけた本判決の判断は妥当である。

3　退職強要の有無

判旨2は，Aによる退職勧奨の態様について退職強要への該当を否定した。

一般に，使用者が労働者に対して退職勧奨を行うこと自体は適法なものと評価されるが，退職勧奨が不当な目的または労働者の自由な意思形成を妨げる手段態様によってなされたと評価される場合には違法な権利侵害として不法行為を構成する[12]。また，懲戒解雇を示唆するような場合にも，違法な退職強要として不法行為と評価される場合がある[13]。

本件では，Aによる退職勧奨の際にH分会長が同席しており，また，XはH分会長から助言を受けていることに鑑みれば，自由な退職意思形成の阻害という観点から違法性を評価する限り，本判決は妥当である。もっとも，退職強要の問題は，退職に関する意思形成過程の労働者の自主性の側面に加え，労働者の人格権ないし名誉権侵害の問題を含意するものである。したがって，職種変更にかかる同意の任意性の問題と退職強要の問題とは，理論上，区別されることには留意すべきであろう。

（こが　しゅうへい）

[12) 下関商業高校事件・山口地下関支判昭49・9・28判時759号4頁，同・最一小判昭55・7・10労判345号20頁，兵庫県商工会連合事件・神戸地姫路支判平24・10・29労判1066号28頁。
[13) 日本航空（雇止め）事件・東京地判平23・10・31労判1041号20頁，東京高判平24・11・29労判1074号88頁。

〈追 悼〉

荒木誠之先生の御逝去を悼む

九州大学名誉教授　菊池　高志

　九州大学名誉教授荒木誠之先生は，昨平成27（2015）年11月12日に91年の生涯を閉じられた。

　先生は大正13（1924）年に，熊本県に生れ，戦時下昭和19（1944）年9月第五高等学校を卒業，10月に九州帝国大学法文学部法科入学許可を得るも，高校卒業と同時に海軍予備学生として土浦海軍航空隊へ入隊，九州帝国大学登学は復員後の昭和20（1945）年であった。昭和23（1948）年九州大学法文学部卒業後，副手，助手を経て，昭和26（1951）年熊本大学法文学部専任講師に就任，熊本大学助教授，教授を経て，昭和44（1969）年九州大学法学部教授に転じ，昭和63（1988）年九州大学を定年退職された後も，姫路獨協大学，熊本学園大学，宇部フロンティア大学で教鞭をとられた。

　周知のとおり，先生は，70年に垂んとする学究生活を，社会保障法研究のフロント・ランナーとして歩まれ，1991年から4年間，日本社会保障法学会の代表理事を務められたのであったが，ご自身で語っておられるように（労働法学会の特別講演「労働関係と社会保障——その特質と相互作用について」日本労働法学会誌110号，2007年）当初，先生の研究者としての関心はもっぱら労働法と労使関係に向けられていた。その業績を通覧すれば，不当労働行為をはじめ，労働協約，就業規則，争議行為および争議対抗行為という労働法の主要な問題領域に足跡を残されている。なかでも力を注がれたのが，当時，必ずしも多くの研究者の耳目を引いてはいなかった労働保護法関係（労働条件基準，工場監督，労働災害補償）への取り組みであった。とりわけ労災補償の法発展を辿ることから，私法的賠償責任論では超え難い補償責任が，企業・使用者の社会的責任に根拠づけられるものであること，その補償関係に国家が単なる後見的立場を超えた重要な役割を担うものであること，また，補償給付内容は労働関係当事者である労働者本人に対する補償にとどまらず，その扶養する家族に対する生活保障に及ぶに至っている等，こんにちの労災補償制度に社会保障性を見出し，ここから，社会保障研究へ向かわれたのであった。（先生は，『労働者災害補償法の研究』によって，昭和36年九州大学から博士号を授与された。先生の労災補償関係の業績は，のちに，『労災補償法の研究——法理と制度の展開』（1981年刊）として，また，労働

追 悼

保護法関係の業績は,『労働条件法理の形成』(1981年刊)として纏められている。)

　第二世界大戦後,世界的に急速な展開を見る社会保障を,どのように捉えるか,社会保障諸立法が実定法秩序のなかで如何なる位置を占めるか,日本の法学界において,労働法と社会保障法とを二つの独自な法域として認め得るかが,問われていた。このことはわが国のみならず,他の諸国にも同様な状況がうかがわれる,と云われた時代であった。

　ほんらい政策的概念であり,また政策実施によって形成される制度の概念である「社会保障」を,法学においても独立したひとつの法分科として認めるには,そこに一貫する法原理の存在を認め,その法原理によって統一的に把握され,秩序づけられる領域として画することができるものでなければならない。だが,「社会保障法」の用語が通用されながらその概念においては明確を欠くものがある,という状態であり,先生の関心もそこにあった。先生は,社会保障の本質を明らかにし,社会保障諸立法を基礎づける法原理を解明し,独自の法領域を明らかにする,この課題に応えることをみずからに課したのであった。「社会保障の法的構造──その法体系試論」(熊本法学第5号,6号　昭和40,41年)は,荒木社会保障法学の宣言的著作である。「社会保障法は,特定の個人または階層の,特定の個人または階層に対する法関係ではなく,社会構成員の社会そのものに対する法関係たる構造」を有するものであり,法関係の当事者は「生活主体としての国民と,全体社会の権力的組織体としての国家である。生活主体としての国民は,その現実的生活手段・態様の差異にもかかわらず,生活を営み維持している主体としての側面において,社会保障法上の法主体となる。国家は,……生活主体の生存権・生活権の名宛人としての社会そのものの代表者たる地位において,法関係の一方の当事者となる。換言すれば,国家は,社会の負うべき生活保障義務の履行主体として,法関係の当事者となる。」「社会保障法は,生活手段の背後にある生活そのものを捉えて,生活主体をとりまく生活危険・生活不能および生活障害に対して,生活保障給付を行うものである。」〈社会保障法は,国民の生存権を基礎とする公的生活保障給付関係を規律する法である〉と定義づけることができる,とされた。

　社会保障諸制度の体系化において,被保障生活主体の状態を生活危険,生活不能,生活障害と概念化し,(生活主体のニードの性格分類とも換言できよう)これを指標とし,要保障事故の性質・機能にもとづく体系化を試みたところに荒木社会保障法理論の核心がある。19世紀末ドイツの社会保険立法やイギリスの救貧政策以来の制度に淵源が求められるとしても,社会保障という概念が提示され,人口に膾炙するのは,第二次世界大戦後のことであり,「国家が市民の結合体としてその全体の福祉のために存在する以上,社会保障を推進することは国家の固有の機能である。」(ILO「社会保障への接近」1942)という認識は共有されるとしても,社会保障の現実が,各国それぞれの歴史的沿革と国内諸

条件に規制される以上，社会保障概念にも，それぞれに異なるニュアンスがある。「社会保障の制度的体系を，社会保障の理念的一義性から演繹して構成することは，……現実制度から遊離した机上の空論に終わる危険性が大きい。また，各国の社会保障の具体的制度に密着して，機械的にこれを比較対照し，そこに一つの公約数的類型を見出すことも無意味ではないが，さほど積極的意義を認めることはできない。むしろ，生活保障を必要とする事故に対して，いかなる方法と内容の保障が認められているか，また，かかる制度的構成を生ぜしめる契機は何であるか，が問わるべきである。」という視座から生まれたものである。と同時に，戦後，わが国の社会保障制度形成は，社会保障制度審議会による「社会保障制度に関する勧告」（昭和24年）以来，度重なる勧告が行われたにもかかわらず，「戦前からの諸制度を基礎として，その改善を行いながら空隙を新立法で埋めるという方向を採ったため，現存する諸制度は，社会保障計画の目標とされた諸制度の体系的統一から遠ざかり」いよいよ複雑なものとなっている。「社会保障の形成期にその体系化を実行しなかったため，その根本的な改革の時期を失してしまい，諸国に例を見ないような複雑かつ断片的な制度構成となった」という，わが国の実情への批判を含むものであった。

　制度別立法の現実と理想型との間に相当な距離があることは否定しようもない事実であるが，それが本質的な点での乖離なのか，それとも技術的・外形的な外観にすぎないのかは検討を要することであり，現行法の態度にどのような評価を与えるべきか吟味を要する。だが，わが国の現状は，すべての立法が過渡的状態であり，沿革的特色と本質的志向の色彩とが見分けにくく混在しているので，単に現行法の規定に即して給付関係を分析しても社会保障法としての法構造は明確にならない，というのが，荒木先生が現存の制度構造を指標とする制度的体系論を排する理由である。

　要保障事故別体系の原理的基礎は，生存権の保障に求められる。社会保障法の原理的基礎を生存権保障に求めることは，こんにち極めて当然な，多言を要しないことのように見えるが，その論理構造をあきらかにするには，生存権（社会権）保障の構造解明が求められるのであって，そこに荒木理論のもうひとつの格闘があった。

　生存権の思想はその起源を前世紀に遡るとしても，これが法的権利として意識されるのは20世紀に入ってのことである。近代市民社会の法秩序を基礎づける法的人格の概念は，その置かれた社会的諸関係を捨象し，抽象された自由意思主体である。この抽象的な法的人格の理論と原子論的社会観，夜警的国家観の結合によるレッセ・フェールの経済秩序がもたらす現実に直面し，人間的生存の否定ともいうべき現実への抗議概念として生成し，この現実を社会的不正義，反価値的とみる法意識から，自由権の反省形態としてうみ出されたのが生存権である。市民法秩序が依拠する，社会的諸関係を捨象された抽象的な自由意思主体の観念に対峙されるのは，社会的実在としての人間である。現

追 悼

実社会に見られる資本による規制・支配が顕著となり，そのもとに生きる人々の生存を脅かす事態が，これに抗する人々の生活防衛意識の高揚を招き，生存権がその法的表現としてあるというとき，生存権の主体は社会的諸関係を纏った生活者にほかならない。

だが，生存権が実定法上に承認され，実定法秩序のうちに存在し，機能する以上，実定法秩序全体の制約のもとにあることは論を待たない。社会保障法の原理的基礎に据えられる生存権は近代市民法の原理とどのように対峙するのかという問いは，すでに法分科として確立し先行する労働法と社会保障法にあって，生存権の占める地位に如何なる相違があるのか，労働法と社会保障法の関係はどのように解されるかという問でもあった。

第二次世界大戦後のわが国憲法上に新たな基本権として位置を占めた生存権（社会権）が全体法秩序の礎石のひとつであることに異論はないが，実定法理上の意義については見解の分かれるところであり，具体的法領域とのかかわりについても，論者の多くは労働法に言及するにとどまっていた。

労働法は，資本とこれに雇用される労働者の関係を対象とする。労働関係は，労働者とこれを雇用する雇主とを当事者とする契約関係であり，市民法の目で見る限り，平等な自由意思主体相互の合意により形成される関係である。この自由意思主体の形成する関係が，従属労働関係の法的基盤である。労働法は従属労働の理論から労働契約の概念と団結の法理を成立させたが，これが機能する場は契約的法関係の過程である。そこに生存権の貫徹を期すならば，この契約関係を通じて現実化する雇用労働条件に規制を加え，契約当事者相互の交渉力不対等の是正を図ることになる。労働条件の立法的規制や団結活動の法認がここでの生存権実現の手段である。換言すれば，労働条件の立法的規制や団結活動の法認が実現することによって，生存権はひとまず後景に退き，契約的労働関係の形成は当事者自治に委ねられる。

だが，こんにち，さまざまな生活危険・生活不能と生活障害に直面し，生存を脅かされるのは労働者のみではない。生存権保障の欲求は，さまざまな生活手段・態様によって生きる人々に広がり，多様な社会的諸関係を纏った生活者たる社会構成員共通のものである。法の保障する生存権も特定社会集団に対するものではなく，さまざまな社会層を包含する国民に対するものである。労働法は，労働関係とかかわる側面においてのみ労働者の生活を捉えるにすぎない。ここに捉えきれないものについては，労働者についても異なるディメンジョンに属するものである。

生活危険・生活不能・生活障害の観念は，市民法原理の全く知らなかったものであり，労働法もまた，労働条件の枠内において意識したにすぎなかった。労働法のような特定社会集団を対象とすることなく，さまざまな生活手段・態様によって生きる国民各層を包含する普遍的広がりをもつ生活主体としての人間像を，法主体として確立することに

よって，新たな法の領域を開拓したのが社会保障法である。社会保障法は，生活者たる社会構成員の社会そのものに対する法関係であり，生存権の原理が直接的に法関係を基礎づける。というのが荒木理論における生存権理解である。現存する社会保障制度の骨格をなすものが，労働者の生存権欲求によって実現されてきたこと，制度の沿革が労働政策にあることは事実であり，労働者保護法制と密接なものであることも言を待たない。荒木理論はこのことを否定するものではなく，同一の事実について労働法の立場からの異なるアプローチを妨げるものでもない。荒木社会保障法理論は，社会保障制度の将来を見据え，今後の発展方向を明らかにするものであった。

わが国のその後の現実が，この荒木理論から見て筋の通った制度展開であったとは言い難い。沿革的過去は容易に脱皮できないのが事実であり，一部には体系的整序に逆行するかに見えるものすらある。だが，生活主体としての国民各層を包含するものであるが故に，政策としての社会保障の現状に何らかの変更が加えられることには，眼前の利害を異にする多くの立場からの圧力が働き，その調整なしには事態が動かないのは当然というべきである。してみれば，これをもって，法理論の当否が論じられるものでもない。暗夜の航海者にとっては，天空に極北の光が求められるのであり，導きの星として法理があることに意味があるというべきであろう。

以来半世紀，わが国の経済・社会の現実は大きく変貌した。経済の高度成長から停滞へ，産業技術変化と産業の構造変化，雇用構造変化，人口構造の急激な変容，その間における労使関係の変容，権利感情を含む社会意識の変化，加えて，人権意識の歴史的発展には括目すべきものがある。これらが相互に影響し合い織りなす変化の現実が，次々と新たな政策課題を提起してきたのであり，これに応える経済・社会政策が，社会法（労働法・社会保障法）領域にインパクトを与え続けてきた。それは労働法と，これとは異なるものとして自立した社会保障法の関係についても及ぶものである。ときには労働（力）政策が社会保障法領域に影響を与え，また，ときには社会保障政策が労働法領域に課題を提起する。社会保障法が固有の法理と領域を有することを説いて，社会保障法の学としての確立に力を注いだ荒木先生は，けっして労働法と社会保障法の両者が断絶し，相互に排他的関係にあることを説いたのではない。労働法と社会保障法が対象とする社会現象は，いわば地続きのものであり，労働関係と社会保障に関する政策の問題は，その地続きのどこに鍬を入れるかの選択の問題と云うべきものでもある。ときとして，ひと所ではなく異なる二ヵ所に鍬を入れることによって政策の効果的成果を挙げようとすることもある。このことを充分に了知するがゆえに，先生は，つねにこのふたつの領域に視野を広げて具体的問題に取り組まれてきた。講演においてものそのことを若い研究者に呼びかけて，講話を締めくくられたのであった。（1970年代以降の変動の渦中に生起した問題に対する主要論稿は，『生活権保障法理の展開』（1999年刊）に収録されている。）

追 悼

　拙文の最後に，荒木先生の人となりについて触れさせて頂く。
　私が先生を親しく知るようになったのは，九州大学の同僚として迎えられた1977年以降であるが，先生の日頃の佇まいはきわめてもの静かなものであった。それは自己抑制力の賜であったと思われる。厳しい自己抑制のもとで思索を積ね，みずからの結論を得られると，これを簡潔に表明される。これは研究活動を離れた会議等の場においても貫かれていた。
　大学の会議の場は，しばしば議論百出，ときには長広舌を聴くこともあるなかで，荒木先生の簡潔な発言は事の妥当な落ち着き先を見通したものであった。学外の社会活動の場においてもこのような姿勢を保たれたことが，先生に対する信頼を生んだのであろう。先生は，熊本大学の時代，九州大学の時代を通じ，地方労働委員会公益委員の任にあり，熊本時代には，水俣争議の困難な局面での調整にあたられた。激しい労使紛争の渦中に立ってもこのような態度を貫かれたのであろう。ご家族から伝え聞いた先生の御最期の様子は，如何にも先生らしい静かなものであったという。心からのご冥福をお祈り申し上げる。

（きくち　たかし）

◆日本労働法学会第130回大会記事◆

日本労働法学会第130回大会は，2015年10月18日（日）に東北大学において，大シンポジウムの一部構成で開催された。（敬称略）

一　大シンポジウム
統一テーマ：「企業変動における労使関係の法的課題」
司　会：鎌田耕一（東洋大学），山川隆一（東京大学）
報　告：
1．「企業変動と労使関係」報告者：水島郁子（大阪大学）
2．「総合商社の投資戦略と労使関係」報告者：木下潮音（弁護士）
3．「会社分割時の労働契約関係の承継と労働条件の変更」報告者：成田史子（弘前大学）
4．「企業組織再編と労働組合の組織変動」報告者：徳住堅治（弁護士）
5．「企業倒産における関係者の利害調整と労働者」報告者：戸谷義治（琉球大学）
6．「倒産手続下での不当労働行為救済手続の取扱い」報告者：池田悠（北海道大学）

二　総　会
1　奨励賞について
盛誠吾奨励賞審査委員長を代理して，唐津博代表理事より，本年度については該当者がいない旨報告された。

2　第131回大会およびそれ以降の大会について
野川忍企画委員長より，今後の大会予定に関し，以下の通り報告がなされた。
◆第131回大会について◆
（1）　期日：2016年5月29日（日）
（2）　会場：同志社大学（社会保障法学会と同会場）
（3）　個別報告
〈第1会場〉
・テーマ：「有期労働契約の濫用規制に関する一考察」
　報告者：岡村優希（同志社大学大学院）

司　会：土田道夫（同志社大学）
・テーマ：「経済統合下での労働抵触法の意義と課題」
　　報告者：山本志郎（流通経済大学）
　　司　会：毛塚勝利（法政大学）
〈第2会場〉
・テーマ：「日韓の集団的変更法理における合意原則と合理的変更法理」
　　報告者：朴孝淑（東京大学）
　　司　会：荒木尚志（東京大学）
・テーマ：「中国の賃金決定制度における政府の関与に関する法的考察」
　　報告者：森下之博（内閣府）
　　司　会：島田陽一（早稲田大学）
　(4)　ミニ・シンポジウム
〈第1会場〉
「フレキシキュリティと労働者派遣法制」（仮題）
　　司　会（担当理事）：盛誠吾（一橋大学）
　　報告者：高橋賢司（立正大学）
　　　　　　大山盛義（山梨大学）
　　　　　　本久洋一（國學院大学）
〈第2会場〉
「労働契約法20条の法理論的検討」（仮題）
　　担当理事：緒方桂子（広島大学）
　　司　会：中窪裕也（一橋大学）
　　報告者：緒方桂子（広島大学）
　　　　　　阿部未央（山形大学）
　　　　　　水町勇一郎（東京大学）
　　　　　　森ます美（昭和女子大学）
〈第3会場〉
「労働関係におけるハラスメント法理の展望」（仮題）
　　司　会（担当理事）：島田陽一（早稲田大学）
　　報告者：内藤忍（労働政策研究・研修機構）
　　　　　　滝原啓允（中央大学）
　　　　　　柏崎洋美（京都学園大学）
　(5)　特別講演
　　講演者：西谷敏会員（大阪市立大学名誉教授）

演　題：未定
◆第132回大会について◆
(1) 期日：2016年10月16日（日）
(2) 会場：獨協大学（社会保障法学会とは別会場）
(3) 「労働法における人権論・基本権論の再検討」との統一テーマで大シンポジウムの開催を予定している。
◆第133回大会について◆
(1) 期日：未定
(2) 会場：龍谷大学（社会保障法学会とは別会場）
(3) 内容については，個別報告及びミニシンポジウムの開催を予定している。個別報告につきエントリー希望があれば，日本労働法学会ホームページに掲載している申込書に記入のうえ，2016年5月9日までにお送りいただきたい。また，ミニシンポジウムにつきエントリー希望がある場合にも，同日までにお送りいただきたい。第134回大会以降の大シンポジウムの企画案についてもエントリーを受け付けている。

3　学会誌について

(1) 編集委員の交代について

奥田香子編集委員長より，編集委員について，畑井清隆会員が任期満了に伴い早川智津子会員（佐賀大学）に交代したこと，藤内和公会員が任期満了により川口美貴会員（関西大学）に交代したこと，大木正俊会員が任期満了により植村新会員（和歌山大学）に交代したことが報告された。

(2) 学会誌について

奥田香子編集委員長より，以下の報告がなされた。

学会誌第126号は学会前に刊行済みである。2016年春刊行予定の学会誌第127号については，大シンポジウム報告論文，回顧と展望（立法動向，判例評釈）及び定例記事を掲載する予定である。また，投稿論文については1件の申出がある。なお，学会誌第126号の回顧と展望において掲載予定であった広島中央保健生活協同組合事件・最判の判例評釈については，同号に掲載することができなかったが，学会誌第127号で再度取り上げることとした。2016年秋刊行予定の学会誌第128号については，個別報告，特別講演，ミニシンポジウム，回顧と展望等を掲載する予定である。

(3) 新査読委員長の選任について

唐津博代表理事より，名古道功査読委員長の任期満了に伴い，後任として，鎌田耕一理事（東洋大学）を選任したことが報告された。

4　今後の学会開催について

　唐津博代表理事より，現在の学会年2回開催について，理事会における検討状況につき以下の報告がなされた。

　第129回（2015年春季）大会前日理事会において，法学系学会の学会大会年1回開催の趨勢，労働法学会における大会2回開催下での企画立案の現状と課題，事務局・開催校負担の問題等を背景に，学会の年2回開催の見直しを検討することが提案され，年1回開催への移行の当否や利点・課題等について詰めた議論をするため，学会開催検討委員会（委員は唐津博代表理事，荒木尚志事務局長，野川忍企画委員長，奥田香子編集委員長，有田謙司理事及び緒方桂子理事の6名）を立ち上げたこと，第130回（2015年秋季）大会前日理事会において，同委員会における検討結果が報告され，その方向性については異論がなかったため，広く会員の意見を募ることとなったことが報告された。また，社会保障法学会においても年1回開催に関する検討委員会が立ち上げられたことも説明された。

　学会開催検討委員会の検討結果は以下のようなものである。基本的方向としては，学会大会の開催形式・内容を維持することを前提に，年1回（2日連続）開催への移行を目指すのが妥当である。年1回開催の場合の利点として，大シンポ・ミニシンポの企画の相互調整等による充実，十分な執筆・査読・編集期間を確保できることによる学会誌の充実，学会事務局・開催校の業務の効率化，会員の旅費負担の軽減等を指摘し得る。他方，年1回開催への移行に伴っては，大シンポ・ミニシンポのあり方，学会誌編集のあり方，大会会場選定についてさらに具体的に検討すべき課題がある。移行時期については，労働法学会の大会内容の企画の進行状況及び社会保障法学会における議論状況に照らし，2018年から年1回開催に移行することが適切であり，開催時期は秋とするのが妥当である。

　以上の学会開催検討委員会の検討結果について理事会では異論はなく，広く会員の意見を募りつつさらに検討すべきこととなったことが説明された。すなわち，今後，日本労働法学会ホームページを通じて年2回開催見直しに関する経緯・必要性や移行に伴う手続等について会員に対し情報提供すること，2015年12月1日から2016年2月末日を会員からの意見聴取期間とすること，2016年3月に臨時の編集委員会及び企画委員会を開催し，会員からの意見を踏まえた上でそれぞれ課題を検討すること，編集委員会及び企画委員会は第131回（2016年春季）大会前日理事会までに意見を提出すること，これらの意見を反映させた移行案を前日理事会において検討し，年1回開催移行が妥当とされた場合には，総会で移行案を提案し了承を得たいと考えていることが説明された。

5 国際労働法社会保障法学会について

荒木尚志事務局長より，以下の報告がなされた。

1）第21回世界会議：南アフリカ（ケープタウン）2015年9月15日〜18日

第21回世界会議が2015年9月15日〜18日に南アフリカ（ケープタウン）にて開催された。会議前の理事会において，アジア地域を代表する副会長に台湾のStephen Kang氏が選任され，会議終了時にイタリアのTiziano Treu教授が新会長に就任した。

同世界会議は，第1テーマ：団体交渉を超えて，第2テーマ：社会保障：どこへ向かうのか，第3テーマ：労働法を基礎づける概念としての労働における平等と市民，第4テーマ：労働法と発展，を主要テーマとして開催され，参加登録者は507名であった。

同世界会議は，従来のスタイルとは異なり，ジェネラルレポーターは特にナショナル・レポートを募ることなく独自に報告し，各テーマに関連しては，報告希望者が事前に論文のabstractを提出し，選考を経て選ばれた者がワークショップ（7つのワークショップが同時並行開催）で報告をするというスタイルがとられた。

なお，基調報告者であったBob Heppleケンブリッジ大学教授が，2015年8月21日に急逝されたため，当該セッションは，Bob Hepple教授追悼セッションに変更され，Halton Cheadle, Simon Deakin, Judy Fudge, Manfred Weiss, Andre van Niekerk, Albie Sachsが追悼演説を行った。

日本からは，荒木尚志，岩村正彦，菅野和夫，細川良，米津孝司の5名が参加した。岩村会員は全体会でのパネル，司会，ワークショップ報告を，荒木会員がワークショップ報告とワークショップ司会を担当した。

本国際学会では，ラテン・アメリカ地域，ヨーロッパ地域で若手研究者育成のためのセミナーが開始され，アジアでも同様の取り組みを期待されていた。そこで，労働政策研究・研修機構（JILPT）がアジア地域の若手研究者育成のためのセミナーを計画中であることが総会でも披露され，期待が表明された。

2）今後の本学会関係会議
- 第10回アメリカ地域会議が，パナマにて2016年9月26-30日に開催。
- 第9回アジア地域会議が2016年にインドにて開催予定であったが，インドからは連絡がなく，インド会議は断念し，これを代替する会議の可能性を探ることとなった。
- 第12回欧州地域会議が，チェコ（プラハ）で2017年9月20-22日に開催。
- 第22回世界会議が，イタリア（トリノ）で，2018年9月4-7日に開催。

3）第2回比較労働法国際セミナー（ヴェネチア大学，イタリア）

2014年から本学会の支援を受けて，イタリアのヴェネチア大学にて開催されることとなった若手労働法研究者を主たる対象とする第2回比較労働法セミナーが，Fundamental Social Rights in the Age of Globalization を統一テーマに2015年6月30日〜7月9日に開催された。日本からは荒木尚志会員が講師として参加した。

6　入退会について

荒木尚志事務局長より，退会者1名及び以下の11名について入会の申込みがあったことが報告され，総会にて承認された（50音順，敬称略）。

安倍嘉一（弁護士），稲谷信行（京都大学大学院），葛西一美（社会保険労務士），久保俊彦（北海道エアシステム），鈴木翼（東京都労働委員会事務局），伊達有希子（東京都労働委員会事務局），南部恵一（弁護士），平田健二（弁護士），町田悠生子（弁護士），森岡三男（社会保険労務士），森下之博（内閣府）

7　その他

(1) 新労働法講座について

和田肇講座編集委員長を代理して，唐津博代表理事より，原稿提出の締切が2016年3月末であることが改めて説明された。

(2) 大会における託児サービスについて

唐津博代表理事より，第130回大会では，託児サービスを東北大学川内けやき保育園に依頼し，子ども1名分の申込みがあったこと，費用の総額は37,427円であること，学会から32,427円を補助する予定であることが報告された。

(3) 事務局の移転及び監事の交代について

荒木尚志事務局長より，第130回大会以降，事務局が東京大学から中央大学に移転し，事務局長が荒木尚志理事から米津孝司理事へ交代することが報告された。

また，荒木尚志事務局長より，事務局担当校と監事の所属校が同一であることは監査の趣旨に照らし望ましくないことから，川田知子監事（中央大学）からの辞任の申出が承認され，平成28年9月までの残任期間について，平成24年7月開催の監事選挙の次点であった川口美貴会員（関西大学）が後任となったことが報告された。

◆日本労働法学会第131回大会案内◆

1　日時：2016年5月29日（日）
2　会場：同志社大学　今出川キャンパス　良心館
3　内容
　（1）　個別報告
〈第1会場〉
- テーマ：「有期労働契約の濫用規制に関する一考察」
　報告者：岡村優希（同志社大学大学院）
　司　会：土田道夫（同志社大学）
- テーマ：「経済統合下での労働抵触法の意義と課題」
　報告者：山本志郎（流通経済大学）
　司　会：毛塚勝利（法政大学）

〈第2会場〉
- テーマ：「日韓の集団的変更法理における合意原則と合理的変更法理」
　報告者：朴孝淑（東京大学）
　司　会：荒木尚志（東京大学）
- テーマ：「中国の賃金決定関係法における政府の関与に関する法的考察」
　報告者：森下之博（内閣府）
　司　会：島田陽一（早稲田大学）

　（2）　ミニ・シンポジウム
〈第1会場〉「フレキシキュリティと労働者派遣法制」（仮題）
　司　会：盛誠吾（一橋大学）
　報告者：高橋賢司（立正大学）
　　　　　大山盛義（山梨大学）
　　　　　本久洋一（國學院大学）

〈第2会場〉「労働契約法20条の法理論的検討」（仮題）
　司　会：中窪裕也（一橋大学）
　報告者：緒方桂子（広島大学）
　　　　　阿部未央（山形大学）
　　　　　水町勇一郎（東京大学）
　　　　　森ます美（昭和女子大学）

〈第3会場〉「労働関係におけるハラスメント法理の展望」(仮題)
　　司　会：島田陽一（早稲田大学）
　　報告者：内藤忍（労働政策研究・研修機構）
　　　　　　滝原啓允（中央大学）
　　　　　　柏﨑洋美（京都学園大学）
　(3)　特別講演
　　報告者：西谷敏（大阪市立大学名誉教授）
　　テーマ：「労働法における学説の役割」

(以上，敬称略)

日本労働法学会規約

第1章　総　　　則

第1条　本会は日本労働法学会と称する。
第2条　本会の事務所は理事会の定める所に置く。（改正，昭和39・4・10第28回総会）

第2章　目的及び事業

第3条　本会は労働法の研究を目的とし，あわせて研究者相互の協力を促進し，内外の学会との連絡及び協力を図ることを目的とする。
第4条　本会は前条の目的を達成するため，左の事業を行なう。
　1．研究報告会の開催
　2．機関誌その他刊行物の発行
　3．内外の学会との連絡及び協力
　4．公開講演会の開催，その他本会の目的を達成するために必要な事業

第3章　会　　　員

第5条　労働法を研究する者は本会の会員となることができる。
　本会に名誉会員を置くことができる。名誉会員は理事会の推薦にもとづき総会で決定する。
　（改正，昭和47・10・9第44回総会）
第6条　会員になろうとする者は会員2名の紹介により理事会の承諾を得なければならない。
第7条　会員は総会の定めるところにより会費を納めなければならない。会費を滞納した者は理事会において退会したものとみなすことができる。
第8条　会員は機関誌及び刊行物の実費配布をうけることができる。
　（改正，昭和40・10・12第30回総会，昭和47・10・9第44回総会）

第4章　機　　　関

第9条　本会に左の役員を置く。
　1．選挙により選出された理事（選挙理事）20名及び理事会の推薦による理事（推薦理事）若干名

2．監事　2名

　　（改正，昭和30・5・3第10回総会，昭和34・10・12第19回総会，昭和47・10・9第44回総会）

第10条　選挙理事及び監事は左の方法により選任する。
1．理事及び監事の選挙を実施するために選挙管理委員会をおく。選挙管理委員会は理事会の指名する若干名の委員によって構成され，互選で委員長を選ぶ。
2．理事は任期残存の理事をのぞく本項第5号所定の資格を有する会員の中から10名を無記名5名連記の投票により選挙する。
3．監事は無記名2名連記の投票により選挙する。
4．第2号及び第3号の選挙は選挙管理委員会発行の所定の用紙により郵送の方法による。
5．選挙が実施される総会に対応する前年期までに入会し同期までの会費を既に納めている者は，第2号及び第3号の選挙につき選挙権及び被選挙権を有する。
6．選挙において同点者が生じた場合は抽せんによって当選者をきめる。

　推薦理事は全理事の同意を得て理事会が推薦し総会の追認を受ける。

　代表理事は理事会において互選し，その任期は2年とする。

　　（改正，昭和30・5・3第10回総会，昭和34・10・12第19回総会，昭和44・10・7第38回総会，昭和47・10・9第44回総会，昭和51・10・14第52回総会，平成22・10・17第120回総会）

第11条　理事の任期は4年とし，理事の半数は2年ごとに改選する。但し再選を妨げない。

　監事の任期は4年とし，再選は1回限りとする。

　補欠の理事及び監事の任期は前任者の残任期間とする。

　　（改正，昭和30・5・3第10回総会，平成17・10・16第110回総会，平成22・10・17第120回総会）

第12条　代表理事は本会を代表する。代表理事に故障がある場合にはその指名した他の理事が職務を代行する。

第13条　理事は理事会を組織し，会務を執行する。

第14条　監事は会計及び会務執行の状況を監査する。

第15条　理事会は委員を委嘱し会務の執行を補助させることができる。

第16条　代表理事は毎年少くとも1回会員の通常総会を招集しなければならない。

　代表理事は必要があると認めるときは何時でも臨時総会を招集することができる。総会員の5分の1以上の者が会議の目的たる事項を示して請求した時，代表理事は臨時総会を招集しなければならない。

第17条　総会の議事は出席会員の過半数をもって決する。総会に出席しない会員は書面により他の出席会員にその議決権を委任することができる。

第5章　規約の変更

第18条　本規約の変更は総会員の5分の1以上又は理事の過半数の提案により総会出席会員の3分の2以上の賛成を得なければならない。

平成22年10月17日第120回総会による規約改正附則
第1条　本改正は，平成22年10月1日より施行する。
第2条　平成22年10月に在任する理事の任期については，次の通りとする。
　一　平成21年5月に就任した理事の任期は，平成24年9月までとする。
　二　平成22年10月に就任した理事の任期は，平成26年9月までとする。
第3条　平成21年5月に在任する監事の任期は，平成24年9月までとする。

学会事務局所在地
　〒162-8473　東京都新宿区市谷本村町42-8　中央大学大学院法務研究科
　　　　　　　米津孝司研究室
　　　　　　　e-mail : rougaku@gmail.com

SUMMARY

Unternehmensumstrukturierungen und Arbeitsbeziehungen

Ikuko MIZUSHIMA

Das Thema des Symposiums ist die rechtliche Frage der Arbeitsbeziehungen bei (, vor und nach) den Unternehmensumstrukturierungen. Der Unternehmer sieht die Unternehmensumstrukturierungen als eine der wichtigsten Management-Strategie an. Die Unternehmensumstrukturierung beeinflusst nicht nur die Arbeitsbeziehungen, sondern auch die betroffenen Parteien. Der Unternehmer muss nicht nur die Interesse der Arbeitnehmern, sondern auch die Interessen der Aktionäre und der Gläubiger berücksichtigen. Darüber hinaus müssen wir die verschiedenen rechtlichen Normen anpassen werden.

Investment Strategy of Sogo-shosha and Labor-Management Relations

Shione KINOSHITA

Sogo-shosha is Japan's own business forms. Has been conventionally carried out corporate activities centered on the wholesale business to mediate a deal between the company, recent business is changing to that aim the acquisition of revenue associated with investment for many of consolidated companies or groups. It has made a high profit to dominate the company.

In the course of Sogo-shosha increase revenue by performing the restructuring of group companies, so that the change on the labor-management relationship is brought to many employees. Those changes are, usually, has been run by the agreement with the employees and the labor union, rarely develop into conflict, such as trial.

The change on the labor-management relations due to corporate restructuring, ①change of parties to labor contract, ②workforce reductions, and ③working conditions change.

In the corporate restructuring, also change appears in the collective labor-management relations. In conducting an investigation of the relationship between companies in preparation of corporate restructuring, it is important survey of information about labor-management relations that exist in the company.

In the way of Sogo-shosha management, knowledge and practice of labor law is important as part of the corporate legal affairs to ensure the profitability of the company.

The Transfer of Employment Relationships and Unfavorable Modifications of Working Conditions in the Event of Corporate Divestiture

Fumiko NARITA

Ⅰ　Introduction
Ⅱ　The Discussion in the Legislative Process
Ⅲ　The Transfer of Employment Relationships and Unfavorable Modifications of Working Conditions
Ⅳ　Conclusion

SUMMARY

Corporate Restructurings and Organizational Change in Labor Unions

Kenji TOKUZUMI

The rising number of corporate restructurings cases has resulted in increased instances of organizational change in labor unions, including the dissolving or merging of unions. The Labor Union Act (LUA) is behind the times and ill-equipped in its provisions on organizational change in labor unions, a fact that has given rise to several difficult practical issues in the dissolving of unions, the liquidation of residual union assets, or the merging of unions. The LUA should be interpreted in such a way that permits the proper disposition of such practical issues based on resolutions adopted in general union meetings, while simultaneous efforts must be made towards amending the LUA and other statutes relevant to the dissolving of labor union, the liquidation of residual union assets, and the merging of unions.

Ⅰ Introduction
Ⅱ Dissolving Labor Unions and Liquidating Residual Union Assets
Ⅲ Merging Unions
Ⅳ Conclusion

The Coordination of the Interests of Multiple Creditors and the Workers in Case of Insolvency of the Enterprises

Yoshiharu TOYA

Ⅰ Introduction
  1 Issues in question
  2 Current coordination system
Ⅱ Insolvency of the Employer and the Collective Bargaining
  1 Legal Definition of "Employer"
    (1) Individual contract of employment
    (2) Authority of the receiver and the collective bargaining
  2 Subject matters of collective bargaining
    (1) Liquidation
    (2) Reconstruction
  3 Collective bargaining agreements
    (1) In case of reconstruction
    (2) In case of Liquidation
Ⅲ Hearing the Opinion of Workers Representatives
  1 Hearing
  2 Union winning the majority of the employees and workers representative
    (1) Procedure of the election
    (2) Who leads the election?
  3 Relations between the hearing and the collective bargaining
    (1) Agreements between the workers representatives and the receiver
    (2) Refusal of tha bargaining beause of the hearing
  4 Provision of information

SUMMARY

Ⅳ　Reconstruction Plans and the coordination of the interests
Ⅴ　Conclusion

Treatment of Relief Orders under Bankruptcy Proceedings

Hisashi IKEDA

Ⅰ　Issues in Question
  1　Exclusiveness on Bankruptcy Proceedings
  2　Current Regulations
Ⅱ　Relation to Bankrupt Estate regarding Unfair Labor Practice
  1　Cases under Labor Relations Commission
  2　Cases under Court for Revocation of Relief Orders
  3　Treatment of Relief Orders under Bankruptcy Proceedings
  4　Continuation of Cases regarding Unfair Labor Practices under Bankruptcy Proceedings
Ⅲ　Relations to Bankruptcy Claims regarding Relief Orders
  1　Specificity of Back Pay Orders
  2　Treatment as Claims for Salary of Employees
  3　Interpretation A: Affirm Bankruptcy Proceeding's Preference over Relief Orders
  4　Interpretation B: Avoid Common Benefit Claims under Corporate Reorganizations
  5　Interpretation C: Affirm Labor Relations Commission's Preference over Bankruptcy Proceedings
Ⅳ　Consideration

編集後記

◇ 本号は、2015年10月18日に東北大学川内キャンパスで開催された第130回大会での大シンポジウム「企業変動における労使関係の法的課題」の報告論文を中心に構成されたものである。さらに、近年の注目すべき判例を紹介する「回顧と展望」2本も収められている。いずれも時宜に適った内容であり、今後の研究に大いに資するものとなろう。また、菊池高志九州大学名誉教授からは、昨年逝去された荒木誠之先生の在りし日のお人柄とご功績が存分に偲ばれる追悼文が寄せられた。ここに厚く御礼申し上げたい。

◇ 本号刊行にあたっては、執筆者の先生方に短期間でのご執筆ならびにご校正をお願いすることとなったが、多大なご協力をいただき、予定通りの刊行を果たすことができた。改めて、厚く御礼申し上げたい。

◇ また、奥田香子編集委員長と鎌田耕一査読委員長からはひとかたならぬご助力を頂戴し、査読委員の先生方には短期間での査読にご協力を頂いた。また、本号の編集および校正については、法律文化社の小西英央氏ならびに瀧本佳代氏に大変お世話になった。ここに深甚の感謝を表したい。 (奥貫妃文／記)

《学会誌編集委員会》
奥田香子(委員長)、植村新、大石玄、緒方桂子、奥貫妃文、川口美貴、神吉知郁子、河合塁、坂井岳夫、成田史子、長谷川珠子、早川智津子、山本陽大 (2016年4月現在)

企業変動における労使関係の法的課題
日本労働法学会誌127号

2016年5月10日　印　刷
2016年5月20日　発　行

編 集 者　日本労働法学会
発 行 者

印刷所　株式会社 共同印刷工業　〒615-0052 京都市右京区西院清水町156-1
　　　　　　　　　　　　　　　　　　電　話 (075)313-1010

発売元　株式会社 法律文化社　〒603-8053 京都市北区上賀茂岩ヶ垣内町71
　　　　　　　　　　　　　　　　　電　話 (075)791-7131
　　　　　　　　　　　　　　　　　Ｆ Ａ Ｘ (075)721-8400

2016 Ⓒ 日本労働法学会　Printed in Japan
装丁　白沢 正
ISBN978-4-589-03778-7